特别会说话的人这样说

张笑恒 编著

北京日报出版社

图书在版编目（CIP）数据

特别会说话的人这样说 / 张笑恒编著 . -- 北京：北京日报出版社 , 2024.2

ISBN 978-7-5477-4765-0

Ⅰ . ①特… Ⅱ . ①张… Ⅲ . ①语言艺术—青年读物 Ⅳ . ① H019-49

中国国家版本馆 CIP 数据核字 (2023) 第 244658 号

特别会说话的人这样说

出版发行：北京日报出版社

地　　址：北京市东城区东单三条 8-16 号东方广场东配楼四层

邮　　编：100005

电　　话：发行部：（010）65255876
　　　　　总编室：（010）65252135

印　　刷：三河市祥达印刷包装有限公司

经　　销：各地新华书店

版　　次：2024 年 2 月第 1 版
　　　　　2024 年 2 月第 1 次印刷

开　　本：710 毫米 ×1000 毫米　　1/16

印　　张：10

字　　数：150 千字

定　　价：59.80 元

版权所有，侵权必究，未经许可，不得转载

前言
PREFACE

会说话的人在任何场合、任何情境下，面对任何人时，都能给人如沐春风的感觉。会说话，不仅要会夸人，有让人会心一笑的幽默感，还要敢拒绝、会拒绝。

夸别人不是一味地说好话，给人戴高帽，而是利用语言艺术将赞美的话说得恰到好处，达到瞬间打动人心的效果。

弗洛伊德说："人可以抵御他人的攻击，但对他人的赞美却无能为力。"生活中，真诚具体的赞美，往往可以在人际交往中创造奇迹。比如，朋友是会议主持人，你夸"整个会议，你对节奏把握得太好了，预定的时间刚刚好"，要比"你主持得真棒！"更有针对性，能明确让对方知道自己哪里做得好，更能让人感受到你的用心。

工作中，我们每天都要和领导、同事、下属沟通交流，在适当的时候送上适当的赞美，就有可能收获好人缘。如果见了领导，逮住什么就夸什么，很容易给人拍马屁的嫌疑。如果对下属一味盲目地说"你真棒，干得不错"这种冠冕堂皇的好听话，对方只会觉得你在敷衍，不认真。所以无论是夸领导，还是夸同事、夸下属，都需要遵循一定的准则，巧妙表达。

对不熟悉的人，如何夸，才能迅速拉近彼此的距离？真诚地请教对方辉煌的业绩、独有的专长、优秀的才能，是一把打开交际大门的钥匙。人往年轻讲，物往贵了说，也是最常用的拉近距离、赢得好感的方法。另外，不妨避免那些俗套的夸人方法，关注一下对方身上不常被人注意的亮点，给予真诚的赞美，效果自然好到出乎意料。

除了赞美，说话具有幽默感也能迅速获得他人好感，备受大家欢迎。幽默不仅能化解尴尬，活跃气氛，也是人际关系的润滑剂，更是感情关系的增稠剂。

很多人误以为幽默就只是博人一笑，但实际上，幽默和"耍宝"有很大区别。幽默并不是单纯的搞笑，而是以一种更睿智、轻松、寓意深刻的言语，让人卸下心防，感受愉悦。

与朋友相处，不必总是一本正经，偶尔开个玩笑，就能把气氛拉满。遭遇尴尬，也不必只想找条地缝往里钻，还可以用风趣的语言，给自己和别人一个台阶下。

无论是刚遇到喜欢的人，还是已走入婚姻的殿堂，都可以借助幽默细胞，给感情加点料，让日子过得甜甜蜜蜜、欢欢喜喜。

说话，不只要把看似"普通"的话说得好听，更要把"不好听"的话说得悦耳。一般来说，我们不敢拒绝，多半就是把说"不"等同于得罪别人，甚至伤害别人。所以，张不开嘴说"不"，不会说"不"，怕被别人认为自己没有人情味，更怕得罪别人，进而破坏一段关系。

但一味忍让、取悦别人，只会让自己陷入痛苦。所以，对那些超出自己能力范围的事，做了不如不做，该拒绝就拒绝。还有那些你不喜欢的人和事，像是很久不联系，一联系就借钱的同学、朋友，与其通过委屈自己来满足别人，不如试着去拒绝。需要注意的是，拒绝的方式必须巧妙一点，比如，当你不喜欢的人向你表白时，既要让对方明白你的意思，又要尽量避免伤害对方。

在生活中，会说话的人往往更容易让人感受到自己的真诚、热情和分寸，言语之间传达出的善意能快速营造和谐的沟通氛围，使自己在人际交往中无往不利。

说话是一门艺术。本书最大的特点是摒弃了以往案例加解析的阐述模式，开创了一种全新的风格：采用漫画形式，设定了小滕、小勃、小妮、小灵四位人物，还原了大量真实的生活对话场景，借助这四个人的沟通语言，为大家指点迷津；同时采用大挑战的方式，直观地演绎了怎么说是对的，怎么说是错的。

目录
CONTENTS

上篇　会夸人

第一章　生活中会赞美，一开口就让人喜欢你

别笼统，夸得越具体对方越受用　　/ 003

先抑后扬，出其不意效果好　　/ 008

不会夸，就指出对方细微的变化　　/ 013

第二章　工作中会赞美，让你拥有好人缘

和领导聊聊他过往的经历　　/ 019

借"第三者"之口间接夸同事　　/ 024

从小处着手夸下属　　/ 029

第三章　对不熟悉的人，花样赞美拉近距离

初次见面，请教就是最好的赞美　　/ 035

面对不熟悉的人，从看得见的地方开始夸　　/ 040

避开常规套路，换个角度去夸　　/ 045

中篇　会幽默

第四章　用幽默活跃气氛

开个小玩笑，增添交往中的乐趣　　　/ 053

幽默回复，越聊越热闹　　　/ 058

心有不满，幽默表达　　　/ 063

第五章　用小幽默化解大尴尬

当众出丑时，用自嘲化解尴尬　　　/ 069

巧用冷幽默反击对方的无礼　　　/ 074

尴尬时，幽默为你救场　　　/ 079

第六章　用幽默为爱加点料

遇到喜欢的人，用幽默制造接近的机会　　　/ 085

用幽默的方式，表达对爱人的责备和不满　　　/ 090

吵架了，用幽默缓和一下关系　　　/ 095

下篇 敢说"不"

第七章 委婉拒绝你能力之外的事

朋友请你帮忙，做不到不要勉强答应 / 103

自己的事情多到做不完，如何拒绝同事的请求 / 108

亲戚托你办事，该回绝就回绝 / 113

第八章 巧妙拒绝你不想做的事

别人向你借钱，怎么拒绝不伤感情 / 119

不想去的应酬，怎么拒绝不会让对方没面子 / 124

客户的无理要求，怎么拒绝不得罪对方 / 129

第九章 拒绝你不喜欢的人

被不喜欢的人表白，如何拒绝 / 135

相亲遇到不喜欢的人，如何拒绝 / 140

对于同事暧昧的信号，如何拒绝 / 145

人物简介

小灵
爽朗大方，心细如发，容易察觉别人情绪的变化，率真而又温情。

小妮
性格活泼，但有时心直口快，有时又不太注意旁人的感受。

小滕
洞察力惊人，情商高，表达力强，有情有义有魅力。

小勃
言辞令人忍俊不禁，但有时粗心，不够细致，很多时候有点儿糊里糊涂。

上篇

会夸人

第一章

生活中会赞美，
一开口就让人喜欢你

每个人都有被他人肯定的心理需求，而赞美会使这一需求得到极大满足，同时，赞美者也能收获对方的好感。但是，赞美并不是胡乱吹捧，大拍马屁，而是要真诚地将对方身上客观存在的优点，以恰当的方式强调给对方听。

别笼统，夸得越具体对方越受用

在人际交往中，过于空泛、笼统的夸奖一般都会被对方视为客套话。对方感受不到真诚，只会觉得你在敷衍。只有具体、明确的赞美，才能让对方感觉良好。

如果看到女孩，你就夸"漂亮"，或者称赞"有气质"，遇见男生就喊"帅哥"，看到孩子就夸"你真棒"……对方听了会有什么感觉呢？

这种烂大街式的赞美，早就不能激起别人内心的任何涟漪了，不仅会使赞美的效果大打折扣，甚至对方还可能因此认为你是假意而产生厌恶。

日常生活中的赞美有两种方式。一种是评论性的赞美，是对一个人的整体进行"下定义"式的夸赞，往往会让人觉得空洞乏味；另一种是描述性的赞美，通过描述某件事的过程和细节将赞美的话自然地讲出来，往往能够给人更加真诚的感觉。

一位先生带着太太和翻译，去见一个外国客户。外国客户看到先生的太太后，赞美道："您的夫人太漂亮了！"

先生谦虚地说："哪里，哪里。"

翻译不知道该怎么翻译这个"哪里，哪里"，思索了一会儿干脆翻译成："Where，where？"

外国客户听了心里虽然有点纳闷儿——怎么还问具体哪里漂亮呢？但他还是笑着说："您的夫人眼睛很有神，皮肤也很白。"

先生和太太听了，都很开心，谈话就在愉快的氛围中开始了。

这虽然是一则笑话，却启示我们，当赞美别人的时候，一定要在心里问自己：具体哪里好？是怎么个好法？赞美之词越具体，越能深入人心。

故事
怎么夸别人家的装修

您这地板真不错，尤其是颜色，显得特别浪漫和温馨。

这地板是我亲自挑的，纯橡木的。

您还养花呢？长得真好，枝繁叶茂的，不像我家的那些，都被我养死了。

我选的这些花都比较好养，那些太娇贵的花，我不养。

可以参观一下您的书房吗？我明年也准备装修呢。

没问题，走吧，这个书房是我参考了一本装修书自己设计的，你看看。

您过奖了，咱们一定会合作愉快的。对了，那本装修书还在，你带着吧，也许以后用得上。

书房的布局和配色非常棒，古典中带着现代的气息，怪不得人人都说您有思想、有见地呢！说实话，跟您这样有品位、有眼光的人合作，真是我们的福分。

指点迷津
夸得越具体，效果越好

> 滕哥，为什么我夸女人漂亮，她们都没什么反应？

> 像"你真漂亮""你眼光真好"等夸人的话过于空泛，很难给人真诚之感。

> 那我该怎么夸别人呢？

> 指出具体的部位，夸得越详细、越具体，效果才会越好。比如，你可以夸一个女人的眼睛看上去很有灵性。

　　赞美别人的时候，我们要尽量避免空泛的评述性赞美，而采用具体的描述性赞美。要做到具体描述对方的优点，就要认真用心观察对方。

　　一个方法是观察对方的行为表现，找到优点加以描述。比如，对方的毛笔字写得刚劲有力，对方很善于替别人考虑，对方的手很巧、手工做得漂亮等。

　　另外，也可以观察对方身上细微的变化，然后加以描述。比如，当一个同事突然换了一套衣服后走进办公室时，总有人要赞美一番："哇，你今天真不错！看起来年轻了好多。"亲热一点的还可能上前摸摸衣服的质地，从上到下地打量一番。哪怕这位同事已经不年轻了，这套衣服也并没有那么好，甚至是和他以前的衣服没太大区别，但对方也会因为得到赞美而高兴起来，并对赞美自己的人心生好感。

　　很多人不知道怎么夸别人，只是因为不善于观察。每个人身上都有闪光点，只要用心观察，就能发现。

赞美大挑战
具体的赞美，会令对方满足

把握好时机，在合适的场合，具体地赞美领导，不仅能缓解紧张的气氛，还会让领导在内心为你加分。

具体赞美领导时，可以表达自己的羡慕之情。比如，领导的孩子非常出色，你可以这样赞美："周总，听说您的儿子考上了'985'大学，真是有其父必有其子。我要能有这么出息的儿子，这辈子就满足了。"用羡慕的语气来称赞领导，会显得非常真实，领导听了内心会十分满足。

具体赞美领导时，可以表达自己的钦佩之情。每个领导在通往成功的路上都经历了很多艰辛和坎坷，比如领导创业成功，你可以说："您创业这些年可真不容易，吃了那么多苦，真不是一般人能受得了的。"

赞美是同事之间的润滑剂，可有效缩短彼此之间的距离。

在实际工作中，也许同事的成绩并不如领导那么出色和亮眼，但一定会有一些细微的地方值得关注。我们要善于发现同事身上哪怕是微小的长处，并不失时机地予以赞美。

具体赞美同事，可以从对方工作中的细节入手。比如，每当打印机里的纸用完时，同事都会主动装满。你可以说："你真细心，上次有客户在，我着急打印，你可帮了我的大忙了。"

具体赞美同事，也可以从生活中的小细节入手。比如，同事是一个很喜欢也很擅长搭配的人，你可以说："你今天这件衣服的颜色很衬你的皮肤，显得你更白了。"或者说："你真会选耳环，款式简洁又大方，搭配这条裙子正好。"

第一章 生活中会赞美，一开口就让人喜欢你

赞美领导要具体

- 我今天在大会上的发言怎么样？
- 还行，我觉得挺好的。 ❌

- 你觉得我今天的发言怎么样？
- 非常精彩，既让大家了解了当前的状况，也展望了未来的美好前景。尤其是最后一段，听得大家热血沸腾的。 ✓

赞美同事要具体

- 你感觉我这个故事写得怎么样？
- 挺好的。 ❌

- 你感觉我这个故事写得怎么样？
- 很抓人，有短篇小说的感觉，尤其是中间男女相处的情节，那种气氛很有代入感。 ✓

先抑后扬，出其不意效果好

> "先抑后扬、假抑真扬"的夸奖技巧就是先假意否定、贬低对方，然后再正面肯定、赞美对方。通过前后强烈的反差和对比，让对方内心波澜起伏，最后由怒转喜，完美呈现出其不意的效果。

先假意否定、贬损对方，然后再正面肯定、夸赞对方。对方从开始的疑惑、愤怒到后面的释然、愉悦，会很受用。

从否定到肯定的评价，不仅可以增强谈话的吸引力，还可以显得更加真实可信，这就是心理学上的"阿伦森效应"。

著名的心理学家阿伦森做过这样一个实验，他将参与实验的人随机分成四组，然后让这四组分别对十个被测者进行当面评价。第一组从头到尾都在夸奖被测者，第二组从头到尾都在贬损被测者，第三组是先褒后贬，第四组则是先贬后褒。结果出乎意料的是，绝大部分被测者对第四组最有好感，而不是始终夸赞被测者的第一组。

阿伦森效应告诉我们，日常生活中，人们更愿意听到先抑后扬的赞美。先说出对方一个小缺点，然后再赞扬对方更大的优点，比直接赞美更令人欣喜，也更具分量。一抑一扬，使对方心理上产生极大的落差，前后的落差越大，赞美所带来的愉悦感就越强。

第一章 生活中会赞美，一开口就让人喜欢你

故事
先抑后扬来祝寿

下个月我妈六十大寿，你这个大诗人，可以不准备礼物，但人必须到场！

你都这么说了，我必须到啊。

大诗人，你的才华别浪费，为我妈作一首诗吧？

那我就献丑了。

这个婆娘不是人。

什么？这不是骂人吗？

九天仙女下凡尘。

生下儿子是个贼。

你这人难道不怕挨揍吗？

好好好！

偷得蟠桃献母亲。

· 009 ·

指点迷津
有反差效果好

> 滕哥，如何夸人才能给对方留下深刻的印象？

> 可使用先抑后扬式赞美。

> 那我具体应该怎么做呢？

> 先假意否定对方，再正面肯定、赞美，通过强烈的反差和鲜明的对比，就能得到出其不意的赞美效果。

使用先抑后扬的赞美方法，需要注意以下几点：

转化有度："抑"和"扬"要转化有度，如果"抑"还没有做到位，就开始"扬"，那么"抑"就起不到反衬的作用，"扬"也不够饱满有力。

转变自然：人的情感转变需要一个过程，不是一蹴而就的，由"抑"到"扬"的过程也要自然合理，这样更容易让人接受。

详略得当：安排好"抑"和"扬"的主次、轻重，"抑"要略，"扬"要详，详略得当，一旦本末倒置，或者主次失当，便会失去赞扬的效果。

需要注意的是，因为"先抑后扬"的夸赞方式会比普通的夸奖多一层惊喜，所以这个方法更适合用在关系比较亲近的人身上，比如你的伴侣、至交或闺密等。你这么一说，前一秒他/她还想揍你，后一秒就喜笑颜开，恨不得抱起你来亲两口。

赞美大挑战
"先抑后扬"的赞美，往往比直接赞美更让人欣喜

用先抑后扬法夸恋人。当一个男孩想向女孩表达爱慕之情时，如果只是一味地夸赞对方又能干又漂亮，对方可能未必受用，或者觉得只是场面话，一笑了之。如果男孩对女孩说："你这样子真的好傻啊！"听到这话的女孩心里怕是会咯噔一下，多少都有点不舒服，若男孩紧接着说："但是还蛮可爱的。"女孩可能立马转嗔为喜，心里乐开了花。

用先抑后扬法表达爱意。对喜欢的人表达爱意，可以这么说："你就是个小偷！"停顿一下后接着说："哼！偷心贼！"想要感谢伴侣的体贴照顾，可以这么说："你真的好讨厌啊！"等到对方一脸困惑的时候紧接着说："什么事都为我考虑得这么周到，搞得我快要生活不能自理了！"

用先抑后扬法夸同事。看见同事穿得跟平时不太一样，先假意困惑地说一句："你今天怎么穿成这样了？"然后再说："给人耳目一新的感觉呢！真漂亮！"看见同事又在努力，先假意厌烦地说一句："你真的很烦！"当对方正困惑不解的时候继续说："比我优秀还比我努力，让我怎么活啊！"

用先抑后扬法夸网友。比如，"原来不知道你为啥隔三岔五发自拍，现在我知道了，长这么好看就应该天天发啊"或者"看小图以为是个美女，结果点开大图，呵呵……原来是个惊天大美女"等等。

总之，"先抑后扬"的夸人方法，旨在通过出其不意的方式，既增强了夸奖的真实性和独特性，又让对方更加珍惜和接受夸奖。

夸人衣帽服饰可以先抑后扬

> 你从没穿过这样风格的衣服吧？有点别扭，感觉不适合你。

> 多管闲事！我穿什么关你什么事？

✘

> 虽然跟你平时的风格不太一样，但还蛮潮的，不一样的你哦！

> 谢谢啦，我以前没尝试过这个风格。

✓

夸人身材相貌可以先抑后扬

> 果真是不胖的人天天喊减肥，每天活得和苦行僧似的，话说你这是有多缺爱？

> 我缺不缺爱，不用你操心。倒是你，还有吃肉的勇气，也真让人佩服。

✘

> 看你的表情，吃素的感觉很不好啊！不过，看你这身材，多么令人羡慕！

> 坐吧，今天我请客，保你吃完肚子能变小……

✓

不会夸，就指出对方细微的变化

当你不知道怎样赞美别人时，可以适时指出对方的细微变化，比如对方领带颜色的变化，或是对方发型的变化。关注变化，体现的是对对方的重视，自然能博得对方的好感。

妻子上美容院做护肤并改变发型后，丈夫明明觉得"看起来年轻多了"，却不说出口，这样就会使妻子觉得丈夫一点儿也不关心自己。

关注到对方细微的变化并指出来，传递的信息是："你在我心目中很重要，我时刻都在关注你的变化。"对别人的变化视而不见，传递的信息是："我根本没把你放在眼里，你是小人物，不值得我关注。"

要知道，一个人穿了新衣服，换了新发型，有了新变化，一般都很想被别人看见并赞赏。女孩子费时费力地化妆打扮，男孩子裤兜揣把梳子，皮鞋擦得锃亮，不就是为了引人注目吗？

几乎每个人都认为自己是独特的存在，都希望得到更多的关注，无论是谁，都渴望拥有他人的爱和关怀。而对关心自己的人，一般都会产生好感，并留下深刻印象。也就是说，若想获得对方的好感，必须先积极地表示出自己的关心。

当你指出对方身上细微的变化时，对方就会觉得你是一个很在意、很看重他的人，不然也不会对他身上小小的变化那么敏感。当你积极关注对方身上的细微变化，适时给予赞美时，对方也会回报你更多关注和关心，社交就会变得融洽起来。人与人之间的情感，往往就从这些细小的地方滋生出来。

指出细微的、不容易发现的变化，不仅能使对方感受到你的细心，也能使他感受到你的关怀，之后，你们之间的关系也会变得比以往更亲密。

故事
从细微的变化夸同事

来，让我看看你的手——新做的指甲吗？好漂亮啊！

昨天下班去做的，还是原来的那家店。

这是店里推荐的款式吗？

不是，店里也可以自由搭配，我就是自己选的颜色，让店里的小姐姐搭配的款式。

要不人人都说你眼光好，这颜色选得很适合你的皮肤。

你夸得我都不好意思了。

好啊，到时候我给你介绍一个特别适合你的。

我说的是实话，改天带我一起去吧，你也帮我挑个颜色。

指点迷津
多留心发现值得赞美的细节

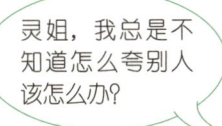

灵姐,我总是不知道怎么夸别人该怎么办?

没关系,你可以观察一下对方身上有哪些和平时不一样的变化,找一些闪光点,拿出来聊两句。

那我该怎么抓重点呢?

女性一般多观察发型、衣服、口红、首饰等方面的变化,男性就观察手表、鞋子等。平时多留心,一定能发现对方身上的不同之处。

只要发现对方有细微的改变,就不要吝惜你的言辞,及时给予赞美。

你可以指出对方衣着打扮的变化。

如果对方是女性,新发型、新衣服,或者首饰上的变化等,都是可聊可夸的话题。如果对方是男性,换了一块新手表,穿了一双新鞋子等,也都可以及时指出来。比如,"新领带吧!在哪儿买的?""新买的手表吗?""以前总见你穿休闲装,今天换西装,太有型了,帅!"像这样表示自己的关注,对方的心里肯定会很舒服。

你也可以指出对方神情气色的变化。

"你最近是不是开始健身了,感觉身材变好了!""你是去哪儿度假了吗?这小麦肤色也太好看了吧!"尤其是特别注重自己外貌、气色变化的女性,如果你能适时指出来,予以赞美,定会使对方心花怒放。

> 赞美大挑战

夸赞时需要顺应对方变化

◦ 觉得对方"穿运动装不好看",那就夸年轻有活力

赞美变化,肯定要赞美别人好的变化。但如果,我们看见别人有变化,却不觉得好怎么办?比如,当我们看见对方穿了一身运动服,不仅不好看,而且明显不搭,这个时候该如何做呢?

其实,即使对方的变化不符合你的审美,也可以不用昧着良心说话,因为我们完全可以"换个角度"去看待这种貌似"不太好的变化",从而做出一番正面评价。

对方穿了一套运动服,你可以不夸对方好看或者帅气,而是夸对方显得年轻有活力。或者,你可以夸对方今天这样穿显得很特别,因为平常没见过他穿运动服的样子。这种情况下也不用说好坏,只要真诚地表达,让对方感觉到被关注,同样能达到良好的效果。

◦ 对于对方不符合你审美的变化,可以给点建议再夸

比如,你的同事穿了一身新套装来上班,问你觉得怎样,你觉得效果很一般,这个时候可以对她说:"你试着把头发盘起来看看,感觉会显得更高贵。"对方一般就兴高采烈地去盘发了。等她盘好头发后你再来一番夸赞,也显得更真诚。而对方因为听从你恰当的建议,可能收获更多人真心的赞美,因此会更开心。

💡 赞美同事的服饰变化

> 哇,这样打扮打扮,还有个人样儿。

> 这话说的,难道我以前没人样儿?

❌

> 新买的西装?我一直以为你只适合穿休闲装,原来你穿西装也这么帅!

> 哈哈,这可是我人生第一套西装。

✓

💡 赞美同事的外貌变化

> 大美女,几天不见,好像又胖了啊。

> 你才胖了呢,我瘦了好几斤,你看不出来?

❌

> 这才多久没见,减肥就见效果了,这肉眼可见地瘦了呀。

> 哈哈,这都被你看出来了,只减了一点点。

✓

第二章

工作中会赞美，让你拥有好人缘

迫于压力，很多人在工作中更喜欢公事公办，沟通也缺乏人情味。无论是和领导沟通，还是和同事交流，又或者是和下属聊天，适当加点"赞美"，就能让沟通变得愉快，让关系变得融洽，从而收获好人缘。

和领导聊聊他过往的经历

仔细观察，你会发现那些取得一定成绩的人，都比较喜欢谈论自己的过去，尤其是喜欢聊自己曾遇到的困难和挫折。夸领导，不妨以他过往的经历为依托，夸夸他曾经在某些人生的关键时刻，表现出来的勇气、智慧等。

领导在下属面前一般都很威严，这一方面来自职务和地位上的自信，另一方面来自眼界和阅历上的优势。与领导聊天，想让领导打开话匣子，或者拉近和领导之间的关系，不妨和领导聊聊他过往的经历。

王总是张宏负责对接的一个客户，他为人一板一眼，总是不苟言笑。张宏总觉得跟王总有陌生感，甚至有点怕他。他很想改变这种状况，决定找机会和王总聊聊天，拉近一下彼此的距离。

张宏发现，王总似乎对军旅题材的纪录片和影视剧格外感兴趣，后来听同事说，王总是退伍军人出身，所以他对军队有特殊情结，对自己的军旅生涯特别自豪，也特别怀念。

于是，在一次客户答谢会上，张宏主动跟王总聊起了自己的叔叔。张宏的叔叔曾是一名海军，20世纪80年代初，叔叔高考落榜后，瞒着张宏的奶奶报名参军，直到入伍通知书送到家里来，奶奶还哭着喊着不让他去……

王总听了张宏叔叔的往事，不禁感慨万千，瞬间打开了话匣子，原来王总也是高考失利后才参军入伍……

这一次客户答谢会结束后，张宏对王总的看法有了很大改变，王总这个人看着很严肃，但其实特别有人情味。王总也觉得，张宏这个年轻人很不错，与他很谈得来。就这样，两人之间忽然多了一份好感和信任。

> **故事**
> **和领导忆当年**

看见你们这群年轻人，就想起了我年轻的时候。

您当时的就业环境可比我们现在严峻得多吧？

其实也还好，虽然机会没有现在多，但那时候的大学生数量少，还是有很大优势的。

大概工作了两年，我被调到另一个城市去开发市场，完全没有经验可以复制，全靠摸索。

确实，那时候的大学生可金贵得很。我听说，您进入公司没多久就升职了，一般人可做不到。

从零开始，太难了。那时候，您肯定经常加班吧？

那时一门心思都在市场上，经常一个月连轴转。好在过了半年多，市场就有了起色。

那是真辛苦，我们都得向您学习。不经一番寒彻骨，怎得梅花扑鼻香啊！

指点迷津
直白的夸赞，不如以情动人

> 为什么我夸赞领导时总是效果很差？

> 因为过于直白的赞美显得虚伪，也容易让人尴尬，况且毫无缘由的赞美会让人心生警惕。

> 那我该如何夸赞领导呢？

> 领导的事业一般都比较成功，你可以和他聊聊过去，从他的经历中寻找值得夸的点。

与领导聊天，最关键的还是要自然舒适，如果表现得过于积极，则会起反作用。因此，在与领导聊他过往经历的时候，要注意自然适度，尊重隐私，不可过分刻意。

比如，"您还记得前年和您去打球吗？您那技术真是绝了……"经常把陈年往事拿出来说，不仅拍马屁过于明显，还会让领导觉得你过于刻意。这个时候，与其没话找话，跟领导聊无关痛痒的私事，不如直接聊工作，既能表现出你的上进，又可以借机向领导请教，从而学到更多东西。

当领导主动聊起他过往的经历、成绩，或者抛出一个他感兴趣的话题时，做下属的要学会回话，要表现出自己的兴趣，并借机引导其继续说下去，千万不要表现出不耐烦，或者把话题引到自己身上。

赞美大挑战
如何选择请领导分享的话题

不是所有的过去,领导都愿意分享出来。那么,聊天时,最好请领导分享哪些过去呢?

◎ 分享成功经历,满足领导的虚荣心

领导其实特别愿意与下属分享他的成功经历与得意之处,比如,他当年刚参加工作时是如何努力的,后来又是如何晋升的,其间调了多少个部门,获得了哪些荣誉,等等。这样,话题一下就打开了。

另外,聊领导以往的成绩是怎么来的,也意味着在聊领导当年的辉煌,领导心里肯定会隐隐自豪,聊天气氛会比较愉快,领导也会对你更有好感。

◎ 分享苦难经历,满足领导的自我实现心理

"以前领导工作没少受苦,很难吧?"这一类开放式话题,更容易打开领导的话匣子,领导还可能跟你说更多过程和宝贵经验。话题打开了,收获变多了,关系更近了。

想要与领导愉快地聊天,除了在平时关注并留意领导得意的过往经历外,还可以在领导的会议讲话与平时谈话中,了解领导特别感兴趣或擅长的领域,并进行深入的学习与了解,这样,当聊到这些话题的时候,就会言之有物,与领导产生共鸣。

总之,与领导聊天,最重要的就是要找到对方感兴趣的话题,但不要显得太过刻意,更不要不懂装懂。要表现自然,多听多学,方为正道。

领导主动聊曾经创业的艰苦

> 这让我感觉又回到创业初期了。

> 我要能有这么一个公司，吃多少苦，我都乐意！

✗

> 这让我感觉又回到创业初期了。

> 您那时候肯定吃了不少苦吧？给我们讲讲您的创业经历呗。

✓

领导主动聊曾经获得的荣誉

> 想当年……

> 这个奖杯的故事，您上次在年会上讲过了。

✗

> 想当年……

> 这个奖杯对您一定非常重要，它对您有什么特别的意义吗？

✓

借"第三者"之口间接夸同事

有时候，直接夸同事，难免会有讨好对方的嫌疑。而且，如果对方性格腼腆，当面直接夸奖，会让对方感觉窘迫和尴尬。我们可以采用间接的赞美方法，把别人对他的赞美转达给他，这样既显得真实，又避免了不自然。

生活中，我们经常会听到"某某某一直在夸你""某某某跟我说过，你很有责任心""某某某说你很厉害"……这种间接传达赞美的做法，不仅为"称赞之人"增加了好感，也表现出了"传递称赞之人"的高情商。

在钱钟书的《围城》一书中，方鸿渐就是一位懂得间接赞美的高手。当他遇到学政治的唐晓芙后是这样夸的：

"……虚虚实实，以退为进，这些政治手腕，女人生来就全有……曾有一种说法，说男人有思想创造力，女人有社会活动力，所以男人在社会上做的事该让给女人去做，男人好躲在家里从容思想，发明新科学，产生新艺术。我看此话甚有道理，女人不必学政治，而现在的政治家要想成功，都得学女人……把国家社会全部交给女人该有多少好处。"

方鸿渐没有直接夸唐晓芙，而是说女人在政治上面的能力和先天优势，以面带点，把唐晓芙夸上了天，唐晓芙听了十分受用。一个人直白地称赞对方，在传统观念中，不仅会使自己的形象受损，同时也会使受夸赞的人，尤其是异性，感觉不自然。通过借口于人的方式，既可以达到赞美对方的目的，

第二章 工作中会赞美，让你拥有好人缘

还显得更加真实、公正、客观，增强了可信度。

故事
借别人的口夸夸新来的同事

你就是新来的同事吧？不仅漂亮，还这么有气质，难得！

你说得太夸张了。

我们老大上周说，要给我们部门争取一个海归学霸，精通三门外语，就是你吧？

老大真会夸人，学霸算不上，不过的确是会三门外语。

看来会夸人的是你了。

我们老大平时不夸人，都是说实话！

你说对了，我们老大说了，有我在，抵得上每天吃一斤开心果。

等等，让我算算，你们一个月省了多少钱？

指点迷津
间接夸奖更显客观、真实

> 小滕，我常常夸同事，但他好像并不怎么开心。

> 如果你的夸奖过于直白，对方会觉得你是故意的，很容易不好意思。

> 你的意思是夸的方式不合适？那该怎么夸？

> 嗯，可以委婉一点。比如，以第三者的观点表示赞美，会显得更客观、更真实，不会有奉承、恭维的嫌疑。

当我们想要安慰别人或者恭维别人，但又难以启齿时，不妨借用"第三者"的口吻来赞美对方。不过需要注意的是：

找到合适的时机。这个时机可以是对方的生日、节日、晋升、结婚等喜庆的场合，或是与对方关系比较亲近的时候。在不适当的场合或时间，这种赞美可能会让对方感到尴尬或不自在。

选择合适的"第三者"。这个第三者可以是对方的同事、朋友、家人、上级、偶像或榜样等。如果这个第三者和对方的关系比较亲近，赞美会更有说服力。

以事实为基础。只是说一些空洞的赞美之词，反而显得不真诚。但如果能够引用一些具体的事实和数据来赞美对方，那么这种赞美会更有说服力。

用正确的方式表达。可以用一些礼貌、谦逊的语言来表达赞美，比如说"听说你……非常出色，我很佩服"等。同时，还可以用一些肢体语言来增强表达效果，比如微笑、点头或者眼神交流等。

赞美大挑战
要学会"借话"赞美同事

○ 我们可以借领导的话赞美同事

当我们想要更好地赞美同事时，不妨借用一下"领导的口"。比如，"怪不得领导说你工作认真，从不出疏漏。""领导夸你的业绩增长不少，做得很好呢！""你业务能力真强，难怪领导总让我们多跟你学习学习呢！"等等。

很多时候，直接称赞同事很容易沦为客套话，甚至因为太过直接而略显尴尬。而借领导的话间接称赞同事，不仅更具说服力，还会让人产生更多真实感，也更具有正面鼓励的作用。

○ 我们可以借同事的话赞美同事

为了博得同事的好感，有时会想要赞美对方一番，但由自己说出"你看起来好年轻啊"或者"你好热心啊"之类的话，不免让人觉得是在奉承，有点儿不实在。此时，不妨借其他同事的话赞美同事，比如"你真漂亮，难怪小娜一直佩服说，你总是那么年轻！"或者"一直听某某说你是个热心肠，我还不大信，以为他夸大了，今日一见果然如此！"效果就会好很多。

借同事的话赞美同事，不仅能传达善意，也能表明自己的赞同立场，既不显得突兀、直接，又能借其中微妙的心理让对方感到愉悦。

间接夸同事的业务能力

今天的客户可真多啊！

姐，我觉得领导也太欺负人了，给你安排这么多工作！

❌

以前总是听其他人说您业务能力强，客户都愿意找您，如今一看确实如此啊。

哪有这么夸张，你不要听他们乱讲。

✓

间接夸同事的热心善良

妮姐，上周你和潇潇换了一天班，这周能不能也和我换一天？

不好意思啊，我这周应该没空。

❌

灵姐，潇潇说你特别热心，上次她家孩子生病，多亏你和她换了一天班。这周五我妈要来看病，正好轮到我值班，不知道你方不方便和我调一天？

谁还没个急事？阿姨来看病，你放心去吧，周五的班我替你值了。

✓

从小处着手夸下属

> 赞美要言之有物，可以从细微处着手，指出对方的付出、成就等。称赞下属能干，要以某件具体的事情切入，从结果体现他的能力；称赞管理者有经验、有威望，就要以他的那些建议产生的效果切入，使赞美有理有据，客观公正。

生活中，天才毕竟是少数，大多数人都还是职场中的螺丝钉，不太可能做出惊天动地的大事来。因此，作为上司，应该善于从小处着手称赞下属，从而调动他们工作的积极性。

李经理第一次坐徐师傅开的车，当时正值上下班高峰期，交通拥堵不堪，徐师傅却开得稳而不慢。这时，李经理突然开口道："徐师傅，你开车年头不短了吧，能在这样的路况下开得又快又稳，真不简单啊！"

这句衷心的赞美让徐师傅非常高兴，因为虽然他的驾驶技术高超，尤其对在繁华路段的行驶有自己的独到技术，可在李经理坐他的车之前，还从没有领导这样夸过他。

这件事过去已经好几年了，每当徐师傅提及此事，仍忍不住感叹，李经理真是个有格局有眼光的好领导！

每个人，包括公司里那些职位较低或是自卑的人，都有属于自己的闪光点。比如，对摄影艺术有独到的见解，对如何烹饪牛肉得心应手，对民间故事、民俗文化颇有研究等，这些细小的闪光点，可能小到只有他本人心里清楚，甚至无关紧要到连他自己都没发现。

作为上司，如果能对下属这些貌似"微不足道"的长处予以赞美，肯定会令他们感到非常高兴。事实上，称赞一个人细微的长处，比夸奖他人尽皆知的优点，更能赢得他的好感，为自己树立"关心体贴"的良好形象。

故事
从工作的细节夸下属

小灵，以后你负责管理货架，要将衣服的库存记录好。

好的，我一定不会让您失望。

刚上架的怎么取下来了？

这件衣服做工有点瑕疵，我怕顾客看见了，给他们留下坏印象，我去换一件。

听说你的手受伤了，没事吧？

没事，不小心划了一下，我去找一双手套遮一下，免得影响顾客。

这是我应该做的。

在这里，我要着重表扬一下小灵，她不仅发现了衣架上的残次品能及时取下来，还带伤工作，而且特意用手套遮掩，大家都要学习她这种为店里着想的精神。

指点迷津
小处着手的赞美更能赢得好感

> 我明明是在夸下属，可为什么他们觉得我虚伪？

> 一般领导夸下属都习惯说"你辛苦了"，这种笼统的论调当然会让对方觉得有点假。

> 那有没有好用的称赞下属的方法？

> 给出具体的事例，或适当询问他们的意见，并给予肯定。这是对下属价值的认可，对方会很高兴。

从小处着手夸赞下属，需要掌握一定的技巧，否则，你的夸赞会被下属认为是在大惊小怪。那么，如何从小处夸奖下属呢？

要善于发现有意义的细节。由于下属分工不同，责任也不同，使得上司认为下属所做的事都是分内事，是应该做好的，如果做不好，理应受到批评。正是在这种心理的驱使下，细节往往容易被忽视，下属的小成绩也会被上司忽略。要想从细节上赞美下属，上司必须做一个有心人，留心观察，细心思考，发掘潜藏在细节背后的付出和努力。

要当众赞美。有时候下属做的一些小事看似不足挂齿，却对工作大有裨益，如果私下里突然提起往往显得生硬俗套。这种情况下，不妨找一个合适的机会，不经意间当众夸奖一下下属，不仅显得更真诚，也更容易打动对方，使得他们更加忠于自己。

赞美大挑战
用合适的方式赞美下属

○ 肯定进步，让下属更有工作的动力

对于下属，哪怕只是微小的改进，都不要吝惜夸赞。没人会嫌夸奖太多，该夸则夸，随时夸，真诚地夸。比如，"不错，提前一天就搞定了，又有进步了""你这个工作小结很有价值，很有自己的想法""你说的这个风险，我觉得有必要在项目组好好讨论一下，风险意识不错，继续保持"等。让下属明白，只要肯努力，哪怕是最微小的进步和付出，也能被上司看到和肯定。

取得成绩、取得进步的时候，要马上表扬，而不是一个月以后，再表扬小张做了件好人好事，那时小张都已经忘记自己做了什么好事了。要注意表扬的实效性，过了时间段就没有意义和效果了。

○ 肯定态度，让不那么出色的下属干劲满满

在职场团队中，总有一些特别优秀的人才，因为在各个方面都表现突出而常常得到上司夸赞。但如果每次都是这样的人得到表扬，长此以往团队的其他成员就会失去信心，赞扬本身也起不到鼓舞士气的作用。

聪明的领导除了会赞扬公认的明星员工外，还会对那些虽然没有出色的表现，但工作态度认真、做事细心、付出很大努力的员工给予赞扬。这样做既能避免员工产生"无论怎么做我都没法让你满意"的想法，还能将赞美的正面效应辐射到更大范围，让所有员工都有正向的工作态度，从而更加努力地工作。

第二章 工作中会赞美，让你拥有好人缘

从细节处夸下属

好好干，这群人里我最看好你了。

就嘴上功夫厉害，天天"画饼"。

之前你的那个建议确实帮了公司的大忙，好好干，我看好你。

谢谢领导的肯定。

从具体问题夸下属

你在这一行可是老江湖了，以后多提提意见。

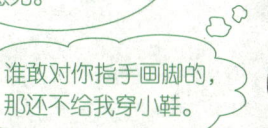

谁敢对你指手画脚的，那还不给我穿小鞋。

你的经验很丰富，你认为哪些步骤对整体的工作毫无帮助？

关于对项目施行过程中的意见的审核和反馈，现在纸质文件签字的方式，我觉得可以灵活一点。

第三章

对不熟悉的人，
花样赞美拉近距离

如果彼此不熟悉、不了解，赞美无处借力，就很难夸得具体、深入。但这也不意味着无处可夸。如果对方是某领域的专家，那就可以去请教对方擅长的问题。如果完全是陌生人，那就夸你看得见的，比如对方的穿着等。这些都能快速拉近彼此距离。

初次见面，请教就是最好的赞美

> 放低姿态去请教别人擅长的东西，会让对方从心理上感到满足，自我感觉良好。这样，我们就能轻松获得对方的好感。

生活中，我们经常能听到这样的赞美："你做的菜也太香了，我老远就闻见了，怎么做的能教教我吗？"这便是请教式赞美。想要赞美对方的某些方面时，话语中带着请教的意味，似乎在说："你已经优秀到可以做我的老师啦！"大多数人听到这样的赞美，哪怕表面上不作声，内心也多半乐开了花。

周文是普通的文学爱好者，但是同文艺圈的很多文学泰斗都能攀上交情。他坦言能成为泰斗们的座上客，并不是因为他有广泛的人脉关系网，而是运用了巧妙的"赞美"之法。

周文每次拜访泰斗前，都会先将他们的著作仔细研究一番，写下自己的心得体会。等到见面之后，他就会提出自己的见解、困惑，请求泰斗指点一二，再顺口称赞他们的学术成果和著作。

他所请教的问题都是泰斗们毕生研究的领域，泰斗们自然兴致很高，很容易侃侃而谈。有了共同话题，泰斗们自然不吝赐教。周文就这样结交到了很多文学大家、学术泰斗，既增长了见识，又解决了学术疑惑，可谓收获良多。

"好为人师"几乎是每个人都有的一种正常心理，当我们想要巧妙地赞美别人时，不妨披上"请教"的外衣，以较低姿态，有针对性地向对方请教。尤其是在初次见面的时候，由于彼此还比较陌生，以虚心求教的姿态与对方攀谈，既能给人留下好学的印象，又能成功地赞美别人，拉近彼此的关系。

故事
初次见面，请教可拉近彼此距离

先生您好。

您好，您是哪位？

我是保险公司的小滕，今天我刚到这里，有几件事要请教您这位远近闻名的大老板。

远近闻名？您太过奖了。

我已经向很多人打听了，大家都说这个问题最好来请教您。

实不相瞒，我想知道……

是吗？真不敢当，有什么我可以帮助您的吗？

站着谈不方便，请坐下来说吧。

指点迷津
"请教式"赞美要问到点子上

> 如何赞美才能让对方发自内心地高兴?

> 将自己变成外行,不懂就问。

> 随便问什么都可以?

> 那肯定不行,你得请教对方擅长的,这样他才有成就感啊。

什么是"请教式"赞美?

"请教式"赞美的主要表现形式就是向对方求助或者征求意见。当你微微低头,恭敬地向对方提出问题或征求意见,然后满眼期待地等着对方答疑解惑时,试问,谁能不接受这样恭敬的赞扬呢?

"请教式"赞美的前提是了解对方的兴趣爱好或者擅长的领域。比如,一个人喜欢钓鱼,那他肯定积累了很多钓鱼方面的经验,这样的话,钓鱼的话题就是一个很好的切入点。你可以抓住对方的爱好虚心讨教,从而让对方打开话匣子,喜欢上和你聊天。

"请教式"赞美可以给对方带来成就感。每个人都渴望得到别人的重视和赞美,只是很多人习惯于把这种需求隐藏在内心深处。当你想拜访某个人时,只要说是"专程来请教您这位附近最有名的……",几乎没有人会拒绝你这样的拜访者。

赞美大挑战
"请教式"赞美有其独特价值

◦ "请教式"赞美更能彰显对方的价值

"请教式"赞美大多适用于下属对上级、后辈对前辈、晚辈对长辈等，由于对方身上有自己不具备的一技之长，所以用请教的方式表达自己的敬仰之情。

比如，新入职的员工用"请教式"赞美，可以快速与部门同事打成一片。面对一丝不苟的部门精英，可以虚心请教："我刚接触这行，什么都不懂，简直就是井底之蛙，我很想请教你，你是怎么做到……"面对整天板着脸的部门主管，可以适度拓展一下工作之外的话题："老大，想请教你一下，你家孩子都报的哪些辅导班啊？我想给儿子报个兴趣班不知道选啥……"面对每天说话不超过五句的高冷同事，可以从他的兴趣点切入："听说你比较懂车，可以请教你一下，20万预算的话，推荐买啥车……"

◦ "请教式"赞美也是一种鼓励

"请教式"赞美不仅仅是在请教，还可以是鼓励。这样的赞美方式，不只局限于下属对上级，很多时候，上级为了鼓励下属，也可以向下属发出"请教式"赞美。

日常生活中，很多家长更是将"请教式"赞美当作一种很好的教育方式，以此来鼓励孩子。此外，我们在求人办事的时候，也不妨放下自己的架子，虚心请教，再配以几句真诚的赞美之词，往往能取得意想不到的效果。

第三章 对不熟悉的人，花样赞美拉近距离

向对方请教方法

您这幅字写得不错，都有我一半水平了。

呵呵，那我还得努力啊。

我平常也练字，可总是不得要领。您能给我一些建议吗？

我认为练字主要是用心，要全身心地投入进去，而不是整天坐在那里练字。

请对方推荐工具

久仰大名了。

不敢当。

听说您是心理学方面的专家，我是喜欢心理学的小白，能不能请您推荐几本书看看？

当然可以。

面对不熟悉的人，从看得见的地方开始夸

当我们不知道该如何夸赞别人时，可以赞美能够看到的或对方身上特别突出的优点，像是从气质、学识、品位、修养、穿搭、发型等方面入手。这些都是最显而易见的内容，能够给予对方真实感。

对于初次见面的人，最有效的赞美，就是从既真实存在又显而易见的地方开始夸，虚假的、空洞的夸赞很难给人留下好印象。初次见面，对于对方的内在人品或性格都不甚了解，硬夸反而不合适，所以不如先花一点时间仔细观察，然后从对方身上突出的优点、特色夸起。

一对兄弟合伙经营一家布庄，奇怪的是，老大每天都能卖出去很多匹布料，老二却始终没人光顾。老大也很困惑，弟弟每天并未偷懒啊，怎么就卖不出去布料呢？

有一天，老大特地躲在暗处看弟弟是怎么卖布的。只见老二一看到客人进店，就赶忙迎上去，态度虽然很热情，但是开口便"跑火车"："这位夫人真是貌若天仙，一看就是个大善人，我们店所有的布料您都能穿！"客人听完只尴尬地摆了摆手，准备要走。

老大看到这位客人身形矮小，样貌十分平凡，便立即把老二拉到一边，自己迎上去说道："我看您笑容温和，气质典雅，我们店刚好新进了一种绣有梅、兰、竹、菊图案的布料，和您清幽的气质十分相称，让我拿给您看看。"客人点点头，跟随老大去看布料，生意很快做成了。

第三章 对不熟悉的人，花样赞美拉近距离

与陌生人攀谈，过分拔高或者不切实际的赞美只会让对方更加疏远你，因为赞美得不到位，只会让对方觉得你无根无据、虚情假意，更会觉得你莫名其妙、油嘴滑舌甚至别有所图，从而提高心理防线。

故事
生活中的小地方也不要吝啬你的夸赞

指点迷津
从看得见的地方开始夸

> 我想要夸赞对方，却不知道夸哪里，怎么办？

> 可以从自己看得见的地方开始夸。

> 具体应该从哪方面入手呢？

> 可以表达自己的直观印象，再给予赞美，引出自己对此人的感受。所有的褒义词都可以根据实际情况使用。

初次见面时，从哪些看得见的地方开始夸呢？

外貌是我们最先注意到的特征之一，可以从对方的服装、发型、妆容等方面给予赞美。比如，妆发造型时尚、眼睛传神、肤色白皙等能看到、能感受到的就行。

个性气质也是一种显而易见且容易吸引人的地方，当你注意到对方展现出某种特质时可以直接表达你的赞赏，比如，"看见你就好像看见了一个小太阳，又是元气满满的一天呢"。

需要注意的是，在表达的时候，不用过多修饰，那样反而会给人留下喜欢拍马屁、献殷勤的不良印象，赞美点到为止即可。比如，与其说"你好，大美女！你真是个美丽大方、人见人爱的好女孩"，还不如说"哇，你的耳环好漂亮，在哪里买的？可以介绍给我吗"。

> **赞美大挑战**
> **从看得见的地方开始夸，是最简单的夸赞方式**

虽然说这个方式很简单，但是现实生活中，却很少有人能做到，因为我们总是对他人有一种挑剔求全的心理，看不见别人身上值得夸赞的地方。尤其对初次见面的人，总喜欢先在心里品头论足一番，比如"瞧这个人，发型真奇怪""这个人年纪轻轻的怎么一点活力也没有"，又或者"现在的年轻人真是闹腾"等。

其实，每个人都有他的可取之处，只是我们缺少发现别人闪光点的眼睛。如果想要更好地夸人，首先要做一个心中有爱并细心观察的人，只有你真正看到了，才能张口夸出来。

当然，夸奖也需要刻意练习。尤其刚开始的时候，学习夸奖，就像我们学习说话、走路一样。我们可以把身边的人当作对象，从我们的眼睛能够看到的一点一滴开始练习。

比如，看见孩子吃饭不挑食，起床没赖床，主动洗小袜子时；又或者看见另一半做了一顿丰盛的晚餐，把家里打扫得干干净净，哪怕只是在晾衣服，都可以去夸赞。只有像这样不断地长期练习，才会看得见别人值得夸赞的地方，才会很自然地形成夸奖别人的习惯，从而给身边人，也给自己带来情绪价值。

特别会说话的人这样说

💡 赞美对方看得见的气质

> 您好，我是您对门的住户，今天刚搬过来的。

> 是吗？你这一看就是有钱人。 ❌

> 您好，我是您对门的住户，今天刚搬过来的。

> 您这气质，看上去给我的感觉就是一个特别有文化的人。 ✓

💡 赞美对方看得见的体貌

> 嗨，我是梅子的同班同学。

> 你穿得好年轻啊。 ❌

> 嗨，我是梅子的同班同学。

> 看你的长相，不知道的还以为你刚毕业呢！ ✓

避开常规套路，换个角度去夸

当一个人有明显的闪光点时，他一定在平时经常听到这方面的赞美。如果我们在赞美时依旧从这方面切入，就很难达到出其不意的效果。相反，若能换个角度，则更容易让对方眼前一亮，心生欢喜。

如果一个女人长得好看，而你仅仅用一句"你很漂亮"来赞美，就会显得很单薄，而且毫无新意。因为只要是有眼睛的人，都能看见她很漂亮，相信类似的赞美她已经听过很多次了，并不会有什么特别的感觉，这也代表你的赞美没有达到目的。

想象一下，一个大将军在战场上战无不胜、攻无不克，可谓威风凛凛，出尽风头。当别人频频竖起大拇指称赞他"骁勇善战""真是位了不起的军事家"时，他总是无动于衷，因为打胜仗对于他来说是再平常不过的事了。而当有人看着他的胡须说："将军，您的胡子可真漂亮！"将军却有可能像个孩子一样开心得哈哈大笑起来。

赞美的角度很重要，新颖的、不落俗套的角度常常能达到事半功倍的效果。

卡耐基在《人性的弱点》中写过这样一个故事：

有一天，他去邮局寄信，邮递员的服务态度很差，显得有些不耐烦。当卡耐基把信件递给邮递员称重的时候，他说："真希望我也有一头你这样美丽的秀发！"听到这句出乎意料的赞美，邮递员惊讶地看着他，接着会心一笑，服务也变得热情多了。

每个人都有自身的独特之处,避开常规套路,把握好角度,才能沟通得更加轻松顺畅。

故事
夸夸音乐会指挥家的穿着打扮

老师,您今天的演出太精彩了。

谢谢,感谢您的喜欢。

老师,我太喜欢您了,您的音乐会我几乎每场都看。

谢谢,感谢您的支持。

老师,您今天穿得太帅了,这身衣服太适合您了。

真的吗?我也这么觉得,我挑了好多衣服才选中这一身。

哈哈,谢谢夸奖。

那您太有眼光了,很符合您的气质。

指点迷津
换个角度夸人，才能不落俗套

> 为什么有些赞美完全无法引起对方的注意？

> 可能因为对方听过太多类似的话，已经无法引起他们的兴趣了。

> 面对这种情况，我该怎么做？

> 换个角度，避开人人都能看见的闪光点，才会不落俗套，赢得他人好感。

如何避开常规套路，换个角度去夸？

同样是夸外貌，对一个打扮精致的女人，除了夸漂亮外，还可以夸她有品位。又或者观察到对方手指很长，你可以说："你的手指这么纤细，这么长，真好看。"像这些不易察觉的地方，平常很少有人注意到，如果你能发现并予以赞美，对方肯定更容易记住你。

抛却常见的外貌特征，还可以独辟蹊径，从对方的专业角度去夸。比如，对方是会计，就夸她"你做账真厉害，又快又准，我要是老板，就喜欢你这样的人"；对方是卖衣服的，就夸她"你的穿衣品位很独特，一看就和普通女孩不一样"；对方是护士，就夸她"你真细心，真会照顾人，我要是没结婚就找你这样的"……

赞美大挑战
要学会变着花样赞美人

● 避开常见的词汇和角度去赞美

"很棒""很厉害""很好看"等常见的赞美之词，我们在生活中经常能听到，很容易产生审美疲劳，反而失去了原本的夸赞效果。相反，如果尝试使用一些新颖的词汇或表达方式，避开常见的词汇和夸赞角度，往往能给人耳目一新的感觉。

比如，别人写了一手好字，你夸他字写得"很好看"，他肯定早就习以为常，但如果你换个角度来说："都说字如其人，你的这一手字，间接证明你有长时间书写的好习惯，也证明你是个比较自律的人。"不是夸"好看"而是说"自律"，谈字论人，在情在理，这样的赞美与众不同，让人印象深刻，也更讨人喜欢。

● 赞美对方个性化的特点

想做出不落俗套的赞美，可以夸赞对方的个性化特点。在此之前，我们可以了解对方的兴趣、特长、价值观等，将赞美和对方的个性特点联系起来，这样不仅能够保证夸人的角度新颖，还能够让对方感受到被重视和被理解。

比如，你的朋友有点胖想减肥，与其说："你一点也不胖，这样正好！"不如鼓励她："我一直都很佩服你，你从来是个行动力满分的人，如果你想减肥，我相信你一定能做到。"

第三章 对不熟悉的人，花样赞美拉近距离

💡 夸漂亮女人的饰品

你好漂亮啊，不知道是不是纯天然的？

有病吧，是不是纯天然的和你有什么关系？

你的项链好特别啊，有少数民族的特色。

你也觉得它特别吗？在云南旅游时买的。

💡 赞美人身特点比头衔好

你是博士，真厉害。

不敢当，不敢当。

您的胡须可太有个性了，我喜欢！

哈哈……

· 049 ·

中篇 会幽默

第四章

用幽默活跃气氛

被称为"最会说话"的中国台湾主持人蔡康永曾说:"好的说话之道,就是把人放在心上。"真诚地站在对方的角度思考,把对方放在心上,多一点体谅和理解,就能温暖对方的心。

开个小玩笑，增添交往中的乐趣

朋友之间交往相对比较随意，适当地开一些无伤大雅的小玩笑，不仅可以增进朋友之间的感情，还能让气氛更加活跃。

朋友之间开开小玩笑，能给平淡的日常生活增添几分俏皮色彩，也能进一步拉近彼此的距离。

据说有一天，著名诗人海涅正在伏案创作，突然有人敲门，原来是朋友寄来了一件包裹。海涅因为被人打断写作思路而不高兴，不耐烦地打开了邮包，却发现里面包着层层废报纸，只在最里层有一张小小的纸条，上面写着："亲爱的海涅，我健康又快乐地活着！衷心地致以问候，你的梅厄。"

海涅一时之间有点恍惚，而后哈哈大笑起来，写作的疲倦感瞬间消失了，他决定也给他的朋友寄一个包裹。

几天后，朋友收到了一个很重的邮包，打开后发现竟然是块石头，同时附加一张便条，上面写道："亲爱的梅厄，看了你的信，得知你健康又快乐，我心上的这块大石头总算落地了，我把它寄给你，以表达我对你的爱！你的海涅。"朋友看完不禁捧腹大笑，烦恼尽消。

这样你来我往，体会朋友之间的幽默和风趣，生活中也会多一些乐子。

故事
去朋友家做客幽上一默

先生，您今天中午想要吃什么？

一会儿有客人要来，他爱吃鱼，做条红烧鲤鱼吧。

老兄，为什么愁眉不展，莫非遇到了难事？

哎，你有所不知。今天有人和我对对子，我苦思一上午，只对出四个字，心烦不已。

不知上联是怎么写的？

向阳门第春常在。

这好像是我家的门联？

那你对出了哪几个字呢？

先生可否帮我想一下后边三个字？

积善人家庆有余 / 向阳门第春常在

积——善——人——家。

庆——有——余。

那就请吧。

庆有余，既然罄里有鱼，为何不快拿出来让我尝尝？

指点迷津
玩笑要避免戳伤对方

滕哥，朋友之间谈话太平淡怎么办？

可能因为彼此太熟悉，寻常谈话无法带来新鲜感，可以开开玩笑。

那开玩笑有什么讲究吗？

当然有，朋友之间的玩笑也要注意分寸、注意尺度、注意场合，避免误伤对方。

生活需要幽默，那么如何与朋友开开小玩笑呢？

邀请好友来做客，简单一句邀约有点没意思，不妨这样说："周末你到我家来，用脑门按一下门铃，我就会马上出来接你。"朋友会诧异："我不能用手按吗？"你回道："因为你人聪明，脑门大啊！"既显得你风趣幽默，又增进了友谊。

需要注意的是，与朋友开玩笑也要注意分寸。开玩笑前要预估好对方的心理承受能力，避免过于夸张或频繁，以致引起反感或尴尬。开玩笑也需要适时，要权衡对方当时的心情和状况。比如，朋友坐飞机回家，你不能回"你坐飞机？会失联的"或者"祝你飞到外星球去探索宇宙奥秘"，那样可能很快就"友尽"了。

幽默大挑战
朋友之间开玩笑应适度

○ 不拿朋友的相貌开玩笑

一般情况下，朋友之间开个小玩笑，也是一种善意的亲昵行为。适当调侃一下，可以调动起大家的情绪，活跃一下严肃的气氛。但如果人们在开玩笑时，把握不好对象、场合、时机以及分寸，结果引起别人的反感甚至恼怒，最终不欢而散，这样的玩笑开得就得不偿失了。

有人喜欢拿别人的相貌开玩笑，看起来挺幽默，却没考虑到自己的一句玩笑，会对别人造成多大的伤害。比如，"你长得这么安全，走夜路鬼看见你都要躲开""看看你这肚子，怀孕几个月啦""你这身高，属于二等残废了吧"……

○ 不拿朋友的隐私开玩笑

很多人在面对陌生人的时候常常表现得谦卑有礼，而在面对关系亲密的人时，却表现得肆无忌惮，伤害了别人的自尊还不自知。朋友可能会因为顾及彼此的关系没有翻脸，但是内心多少都会不舒服。真正高情商的人会照顾朋友的心理感受，绝不会拿朋友的颜面开玩笑。

一些人喜欢把别人的隐私当作茶余饭后的谈资，如果对方不高兴，还会嘲笑对方"太较真"。其实，在怪别人"开不起玩笑"的时候，应该先反思是不是自己的玩笑有失分寸。一个喜欢拿别人隐私开玩笑的人，不仅情商低，而且没有同理心。在大庭广众之下以玩笑的口吻揭人之短，很容易让人下不来台。当对方对你的玩笑产生反感时，你的玩笑就不再是玩笑，而是一把伤人的利刃！

调侃朋友秀恩爱

你们俩能不能注意点,不要这么腻歪。

你管得还挺宽。

❌

菜还没上,你就饱了?

我都快吃饱了。

亲爱的,他的意思是,咱俩撒狗粮撒得有点多了,注意点。

✓

调侃朋友吹牛皮

要是我能中1000万,哥儿几个,一人一辆路虎。

一天到晚吹牛,有意思吗?

❌

你画的"饼"也太大了,吃不下了,我还是吃点西瓜吧,清凉去火。

我明天要能中2000万,哥儿几个,奔驰宝马随便挑。

✓

幽默回复，越聊越热闹

在与人沟通的过程中，适当的幽默回复能激发对方的沟通兴趣，让大家越聊越热闹，让平淡的气氛变得更加活跃，有利于增进彼此之间的关系。

生活中时时处处都充满意外，这些意外或许会让人感到十分尴尬和无奈，但懂得幽默的人，对于这突如其来的意外总能够淡然应对，巧妙化解。

大学宿舍里，睡在上铺的兄弟爬上床以后才发现忘拿手机，于是喊下铺的兄弟："华子，把我手机拿上来！"下铺的兄弟随口回了一句："你应该跟我说'请'。"

虽然只是开玩笑，但是瞬间大家都有点尴尬，然后只听见上铺的兄弟急中生智道："那快把我的手机请上来！"大家一下就笑出了声。

幽默不只是听一听笑话，放声一笑而已。幽默的伟大之处在于它能够以快捷、有效的方式化解尴尬，让气氛越聊越热闹。

幽默其实也是一种逆向式、发散式思维方法，具有幽默感的人往往拥有较高的情商，能够在与他人相处中投其所好，展现自己讨喜洒脱的一面，从而受到更多人的青睐。

第四章 用幽默活跃气氛

> 故事
> # 给朋友的"神回复"

一个国庆节，7天，我参加了6场婚礼，随了8个份子。

怎么还多两份？

还有俩远程的，钱到了，人没到。

身边的同学、朋友都结婚了，看起来你挺受刺激的？

我倒还好啊，受刺激的主要是我妈。

哈哈，阿姨这是有多担心你嫁不出去啊？

她主要担心我把她的养老金给吃光。

那倒是，就你这胃口，她能不担心吗？

所以，我跟我妈说，我要是结婚了，你会更担心的。

为啥？

这不明摆着吗？我要是结婚了，回去蹭饭的可就不是我一个人了。

哈哈，算你狠。

指点迷津
幽默回复让人忍俊不禁

> 我和别人聊天时动不动就冷场怎么办?

> 你可以用幽默让对方的情绪放松,他才能有沟通的欲望。

> 那我该怎么回复他们的话呢?

> 多抛一些梗,说一些对方意料之外的话。比如,对方说自己最近长痘痘了,你就可以说这就是传说中的"美得冒泡"。

有时候,一句幽默的回复可以改变整个气氛,那么,具体要如何做呢?

我们可以运用比喻或类比的方法进行回复。比如,当别人问你:"你的钱包里怎么没有钱啊?"你可以回复说:"那怎么了?鱼香肉丝里还没有鱼呢!老婆饼里也没有老婆呀!"这样的回答既幽默,又富有想象力,还能让对方会心一笑。

我们还可以运用夸张的方法进行回复。比如,你的朋友又一次减肥失败后找你哭诉,你可以这样回复:"别指望减肥了,八戒走了十万八千里也没见瘦下来,而且他还吃素!"这样生动又夸张的回复,不仅能起到一定的宽慰作用,也能一扫沮丧的气氛。

高情商的幽默回话技巧,可以让人在社会交往中瞬间脱颖而出。人人都喜欢跟幽默风趣的人交朋友,因为不用担心无聊,更不用担心冷场。

幽默大挑战
让幽默成为社交"润滑剂"

◎ 用幽默打破冷场

社会交往中,常出现冷场的状况。这个时候,几句幽默的打趣往往就能"四两拨千斤",打开轻松愉快的局面。

下班后的同事聚餐,因为领导在场而没人说话,场面略显局促,这个时候如果适时调侃一句:"这都怎么了,晚一点回家而已,都这么大的人了,还想家啊!"大家听了哈哈一笑,气氛一下子就活跃起来了。

上司询问下属们的意见,见无人应答,可以说一句:"怎么了,是不是看我太帅,都紧张了?"一句玩笑话,既能化解尴尬的气氛,又能散发幽默风趣的人格魅力。

◎ 用幽默回应调侃

生活中,面对别人有意或无意的调侃,我们无须上纲上线,面对别人直白露骨的夸赞,我们也无须面红耳赤。几句幽默的回复便能轻巧应对,化解尴尬的同时,还能展现你的高情商。

别人调侃你脸黑,你可以回复"因为我不是一个肤浅的人";别人调侃你脸大,你可以回复"这是个看脸的世界,我怕我脸小了你们看不清";别人调侃你长痘了,你可以回复"我这是美得冒泡了";别人夸你帅,你可以回复"我就喜欢你这没见过世面的样子";别人夸你太搞笑了,你可以回复"再搞笑就要收费了";别人夸你会吃,你可以回复"理论上来说,'吃货觅佳肴'的态度和'神农尝百草'是一样一样的"……

幽默回复朋友的小状况

昨天大概是冻着了，有点感冒了。

多穿点吧。

阿嚏！我大概是感冒了。

来人啊，快传太医。

幽默回复朋友的小问题

考你们一个问题，为什么孩子一生下来就会哭？

可能跟第一次呼吸空气有关吧。

孩子一生下来就会哭，你知道为啥不？

本来有那么多竞争者，最后总算让他赢了，能不喜极而泣吗？

心有不满，幽默表达

很多人被冒犯时往往会发火，使气氛变得很尴尬。这时，不如采用幽默的方式，既表达了自己的不满，也不至于伤害他人。

直接表达不满可能会令对方难堪，甚至会激怒对方。而用幽默的方式表达，往往可以得到一个令人满意的结果。

旅途中，正在开车的司机师傅一只手握着方向盘，另一只手却伸出了窗外。车上的一位夫人非常担心安全问题，就问："年轻人，这个地方经常下雨吗？""当然。这里的天，就像小孩子的脸，说变就变。"司机师傅悠然回答。夫人恍然道："哦，怪不得你把手伸出窗外，原来是在帮我们探查天气呢。你专心开车，我帮你盯着外面的天气。"司机师傅听了哈哈一笑，就赶紧把手收了回来。

用幽默的方式抱怨能让别人切实地感受到你只是在对事，而不是对人，很多矛盾就能大事化小，小事化了。

特别会说话的人这样说

故事
餐桌上幽默提诉求

——欢迎你们来做客。

——您太客气了，这是我们的荣幸。

——这是什么情况？怎么就我们的鱼小，我去问问他。

——别呀，那多没礼貌，看我的吧。

——怎么了，有什么问题吗？

——几年前，我的一块名表在乘坐游轮的时候掉海里了，不知它在海中是否安好。所以，我经常问这些小鱼，也许它们会知道一些情况。

——那么，它们和你说了什么？

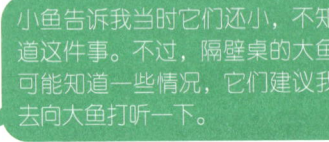

——小鱼告诉我当时它们还小，不知道这件事。不过，隔壁桌的大鱼可能知道一些情况，它们建议我去向大鱼打听一下。

——真不好意思，怪我刚才没注意到这个问题。

——还是你厉害。不过你这又是咋了？

——有点后悔了，我刚才应该说得找俩大鱼打听。

——不怪你，要怪只能怪小鱼不知道情况。

> **指点迷津**
> **幽默表达不满，给对方一个台阶下**

——滕哥，如果有人做了让我不开心的事，我是不是应该说出来？

——那当然，但也要讲究下方式，吵起来多影响心情。

——那该怎么说？

——就算对方的做法不太妥当，也不必咄咄逼人地指责，不如用幽默的方式给对方一个台阶下。

如何幽默地表达不满？

以褒代贬：人人都希望得到他人的肯定和认同，即使出现错误，也希望得到他人的理解和同情。我们在表达不满的时候，可以通过表面幽默风趣的肯定，以褒代贬，反话正说，以达到实质上的否定。这样，既能表达不满，又容易被对方接受，最终收到比训斥更好的效果。

绵里藏针：用双关、比喻等方法，以"绵里藏针"的幽默方式，让被批评者在轻松的氛围下意识到自己的错误。这种方式不仅能缓解焦灼紧张的气氛，还能增进相互间的情感交流。

侧面点拨：从侧面委婉地点拨对方，使其明白自己的不满。这一技巧通常借助于问句的形式表达，让对方在回复中明白我们的言下之意。

幽默大挑战
如何通过幽默表达不满

○ 用含蓄的语言营造幽默的氛围

在表达自己对事物的看法和不满时，不是通过直接说，而是通过种种方式来委婉表达，并最终达到幽默的效果。

饭店里，一个挑剔的顾客点了一份煎鸡蛋，并对服务员说："鸡蛋不要用太多油煎，盐要少放，再撒点辣椒面儿，蛋白要全熟，但是蛋黄要全生，还要能流动。对了，鸡蛋必须是一只散养的柴鸡这两天新下的蛋……"服务员微笑着回道："那只柴鸡名叫小美，可合您心意？"

面对爱挑剔的顾客，服务员没有直接表达对对方苛刻要求的不满，而是按照对方的思路，提出一个更为荒唐可笑的问题，提醒对方"你的要求过分了，恕我们无法满足"，从而幽默地表达了对这位顾客的不满。

○ 用"指桑骂槐"式的幽默表达不满

这种幽默法的特点在于巧妙地利用话语的多义性来做文章，说话者说出的话语，从字面意思看，似乎并不是直接针对对方，但实际上却在表达不满和指责的情绪，对方虽有察觉却又无可奈何，只能一笑了之。

著名画家张大千在被人嘲笑他的长胡子时，讲过一个笑话："刘备让关兴和张苞各自讲述父亲生前功绩，从而决定谁当先锋。张苞讲了张飞三战吕布、喝断当阳桥、鞭打督邮、义释严颜、夜战马超等故事，绘声绘色，非常生动。轮到关兴，他半天只挤出一句：'我父五绺长髯……'就再也说不下去了。此时关公显圣，大骂关兴：'蠢材，老子过五关斩六将的事你不讲，却在老子的胡子上做文章！'"

第四章 用幽默活跃气氛

💡 幽默回应不合理要求

请问，我可以把狗狗带上车吗？

公交车不允许带宠物，您不知道吗？

我买两张票，可以让我的狗狗也上车吗？

可以，不过您得保证它能像人一样，用两条腿走路。

💡 幽默提出要求

为什么这只鸡没有腿，去把你老板叫来。

真对不起。

这只鸡连腿都没有，是怎么跑到这里的？

真对不起，我给您换一份。

第五章

用小幽默化解大尴尬

当陷入尴尬时，面带笑意的幽默，往往胜过费尽心机的解释。无论是当众出丑，还是遭人嘲讽，利用幽默的回复能够顺利帮助自己解围，摆脱难堪。既博大家一笑，又能凸显自己的睿智和才情。

当众出丑时，用自嘲化解尴尬

陷入尴尬，恨不得用脚趾抠出三室两厅？别忙了，最好的方法是通过嘲笑自己的长相、缺点、遭遇等，就能有效为自己解围，堵住那些幸灾乐祸的人的嘴。

美国社会学家麦克·斯威尔说："在别人嘲笑你之前，先嘲笑你自己。"自嘲是一种最安全的幽默方式，因为自嘲的对象是自己，不会给别人带来不适。我们可以用自嘲来活跃气氛，消除尴尬，给大家一个台阶下。

生活中，我们难免会遇到各种各样尴尬的瞬间，或是人前蒙羞，或是当众出丑，如果恼羞成怒或是低头不语，只会让我们的处境更艰难，此时自嘲就成了最好的选择。

英国作家杰斯塔东是个大胖子，由于"体积"过大，行动往往不太方便，因而闹出不少笑话，但是他却机智地自嘲道："我是个比别人亲切三倍的男人，每当我在公共汽车上让座时，足以让三位女士坐下。"

当处于非常窘迫的境地时，机智地进行自我贬损而产生的幽默，是摆脱窘境的最好方法，也是展现人格魅力的机会。

故事
拍照时自嘲眼睛小

请这位先生,不要闭眼,闭眼就不帅了。

好的。

哎呀,这位先生还是闭眼了,我们得重新拍一张。

不用重拍了,您看我睁着眼和闭着眼,也没什么区别……反正又不影响我的帅气。

指点迷津
自嘲显自信，免尴尬

> 滕哥，如果遇到让自己难堪的问题该怎么办？

> 在别人嘲笑自己之前先嘲笑自己，大方承认自己的不足。

> 可这样不会引来更多的嘲笑吗？

> 你先人一步的自嘲，在博大家一笑的同时，还会显得自己豁达自信，尴尬自然就不存在了。

消除尴尬最好的方法就是自嘲，那么我们如何自嘲呢？

不能拿别人的外貌来开玩笑，但是自己的外貌却可以拿来做文章。比如，初次见面特别紧张可以自嘲道："你瞧，我一紧张就像得了鸡爪病一样，手不停发抖，真没办法。"这么一说不仅缓解了尴尬，自己的紧张情绪也消失了。

拿自己做的蠢事来自嘲，不仅不让人觉得我们蠢，还会使我们变得更有人情味，给人一种和蔼可亲、风趣幽默的感觉。比如，当你一边吃饭一边写字的时候，不小心把笔放到嘴里了，你可以自嘲道："吃点墨水没事，我正觉得自己肚里墨水太少呢！"这样不仅不蠢，还显得很可爱。

使用自嘲式幽默时，需要注意两点：一是，自嘲时要说得似真又似假，这样才容易产生幽默感；二是，自嘲时要保持自我消遣的乐观心态，千万不能让自嘲变成自怜。

幽默大挑战
拿自己开玩笑，尤其可以弥补自己说错话的过失

当你和他人发生争执，并在争论时态度恶劣，使对方感到不悦时，你可以自嘲道："不好意思，我刚才表现得像一只斗鸡，让你见笑了……"相信对方听了你的话后，也会付之一笑，并不再过多计较。

当你与他人说话的时候，不小心讲了些不文明的话，使得对方非常不高兴，你可以赶紧补救，拿自己开玩笑说："哎，不好意思，人家说宰相肚里能撑船，我这个小人物肚子里就一堆破铜烂铁，还腐蚀生锈了，落下了口臭这个坏毛病，多多见谅呀！"相信对方听后也会释怀几分。

当你与他人说话的时候，不小心伤到了对方的自尊心，也可以赶紧拿自己开开玩笑。比如，当你在大谈特谈健康人的优势时，突然发现旁边有一位残疾人，那么你可以赶紧自嘲："不过，身残志坚的牛人也不少，而身体健全的巨婴也有的是，像我就属于四体不勤五谷不分的二等废人……"

当你因为说错话而引发双方的对立情绪时，不妨适时地自我开涮一番，你会发现获得对方的谅解一点也不难。这就好比两个人正在打架，一方突然倒地承认自己不是对手，这个时候，对方通常都会觉得又好气又好笑，也难再有敌意，说不定还会上前扶"自败者"一把呢。

自嘲，不是自我辱骂，也不是哗众取宠，而是一种幽默的技巧。如果能把握好分寸，就可以在适当的时候，很好地帮自己解围，也可以让双方摆脱尴尬的境地。

第五章 用小幽默化解大尴尬

用自嘲替自己解围

听说你老婆握着你家财政大权，一个月只给你 500 块零花钱？

没有的事，别瞎说！

❌

听说你老婆握着你家财政大权，一个月只给你 500 块零花钱？

是 400 啦，因为我还得交 100 块保护费。你可得替我保密，我老婆要是知道了，我还得再多交 100。

✓

用自嘲替对方解围

真对不起。

酒倒我头上了！去把你老板叫来！

❌

真对不起。

老弟，把酒倒我头上，你以为用这种方法治疗我的谢顶会有效吗？

✓

巧用冷幽默反击对方的无礼

> 对于一些不怀好意的无礼挑衅，如果一味无视和退让，很容易让自己陷入尴尬的局面，我们不妨以彼之道，还施彼身，以幽默的方式反戈一击，化解当前的窘境。

面对别人的恶意中伤或蓄意挑衅，如果用冷幽默的语言进行反击，既能确保人格上的尊严，又能表现出敏捷的才思和宽大的胸怀。

据传英国著名剧作家萧伯纳就是一个非常善于运用幽默进行防卫反击的人。萧伯纳长得又高又瘦，一天，他去参加一个宴会，受到了不少客人的欢迎和尊重，但是其中有几个资本家很不服气，他们便想借这个机会好好戏弄一下萧伯纳。

于是其中一个肥胖的资本家哈哈大笑着对萧伯纳说："先生，看见您就知道世界上正在闹饥荒，哈哈哈……"萧伯纳听后立刻笑着回敬道："先生，看见您就知道世界上闹饥荒的原因了。"

萧伯纳运用这种循果溯因的方式，不仅巧妙地化解了尴尬，还有力地反击了资本家的嘲讽，令其毫无招架之力。

故事
被调侃如何反击

你知道吗？有一句话特别适合你。

哪句话？

男人的长相和他的才华往往成反比。

我相信这句话也一直激励着您。

指点迷津
用对方的逻辑反击，不乏趣味

> 小滕，你觉得应该如何应对那些故意让自己难堪的人？

> 及时反击才能中断对方的无礼行为。

> 那该怎么做呢？

> 以对方的逻辑来反击对方，既具有针对性又不乏趣味。

如何用冷幽默的方式进行反击？

揪出对方话语中的逻辑本质进行反击。如果能够针对对方的攻击言语，揪出对方话语中的内在逻辑，就能以此制造相应的结果，用以反击。

比如，一个傲慢无礼的观众对一名小丑演员嘲讽道："想要像你这么受观众欢迎，是不是必须要有一张又蠢又丑的脸呢？"小丑演员回道："确实如此，如果我能拥有阁下这张脸的话，我准能拿到双薪。"小丑演员没有直接否认对方的逻辑，而是先承认，然后揪住其中的论点，将其引到对方身上，从而做出有力反击。

用类比的方式、相似的手段进行反击。有时候别人嘲讽贬损我们，常常会用一些不雅的事物做比较，我们可以采用同样的思路反击回去。比如，俄国著名作家克雷洛夫因身体肥胖、肤色黝黑被人嘲笑为"一朵乌云"，他反击道："怪不得底下的青蛙都开始叫起来了！"

幽默大挑战
保持镇定，用冷幽默反击

冷幽默式的反击可以帮助我们在社交场合中保持镇定和自信，不受他人挑衅的影响。

如果别人说："你的发型怎么跟鸟窝一样？"你可以回答："是啊，这是最新潮的鸟窝发型！"如果别人说："你怎么这么矮？"你可以回答："没有啦，只是我站在你的阴影下，显得比较矮而已。"如果别人指责你做错了事情："你真是个失败者。"你可以回答："难道你认为成功就是从不犯错吗？"

用冷幽默的方式反击对方时，我们需要把握分寸感。就对方刁难的动机来说，有善意和恶意之分；就双方的关系来说，也有亲疏远近、尊卑之别。而且，反击的程度要和对方的性质保持一致，如果对方是在讽刺我们，我们的反击也需要带几分讥讽。

同时，我们需要保持冷静的态度。当对方来势汹汹时，由于我们没有防备，便很容易因受惊而表现出退缩的姿态。想要做好反击，就必须表现出高度的冷静和强烈的自信，最好伴以微笑。如果情绪过分激动，便很容易出现自乱阵脚的现象，使自己处于不利的境地。

最后，我们还需要反应敏捷，把握好反击的时机。由于很多情况下，反击都是在瞬间完成的，所以快速反应、掌握好反击的时机非常重要，稍一迟疑，可能就错过了还击的最佳时间。

特别会说话的人这样说

💡 您说得对极了

> 你说什么，那你上来唱吧。

> 下去吧，谁要听你这个破嗓子唱歌。

❌

> 这位观众，你说得对极了，我也这么认为，可咱们俩跟所有的观众唱反调有用吗？

> 下去吧，谁要听你这个破嗓子唱歌。

✓

💡 小时了了，大未必佳

> 听说你被裁了，要不都说小时候厉害，长大了未必厉害呢！

> 我的事用不着你操心。

❌

> 听说你被裁了，要不都说小时候厉害，长大了未必厉害呢！

> 这么说来，你小时候应该挺厉害的。

✓

尴尬时，幽默为你救场

生活中，很多人都会遇到尴尬的时刻。当我们身边的人陷入尴尬时，我们不妨利用自己的幽默为对方救场。这既能缓解尴尬的气氛，又能帮助别人挽回面子。

幽默不仅能帮自己解围，还能为他人救场。

理发店的老师傅是一个能说会道的人，街坊邻里、周边业主几乎都喜欢到老师傅这来剪头发。有一次，老师傅带了个小徒弟，小徒弟学艺三个月后正式上岗。

小徒弟给第一位顾客剪完头发后，顾客不满意道："头发留得太长了！"小徒弟尴尬不已，老师傅笑着解释道："头发长显得您含蓄，藏而不露，很符合您的身份。"顾客听罢，高兴而去。

小徒弟给第二位顾客剪完头发后，顾客不满意道："头发剪得太短了！"小徒弟脸色煞白，老师傅笑着解释道："头发短显得精神，有活力，让人倍感亲切呢！"顾客听罢，欣喜而去。

小徒弟给第三位顾客剪完头发后，顾客不满意道："剪个头发花那么长时间！"徒弟羞得满脸通红，老师傅笑着解释道："为'首脑'多花点时间很有必要，您没听过吗？"顾客听罢，大笑而去。

小徒弟给第四位顾客剪完头发后，顾客不满意道："15分钟就完事了？剪得这么马虎！"老师傅笑着抢答："如今时间就是金钱，'顶上功夫'也需要速战速决，您节省了时间，何乐而不为呢？"顾客听了，笑着告辞。

老师傅机智应答，巧妙地打了圆场，每次得体又幽默的解说，都帮助小徒弟摆脱了尴尬，让客人转怒为喜，高兴而去。

弗洛伊德说："最幽默的人是最能适应的人。"具有幽默感的人，无论走到哪里，都能很快适应环境，并受到众人欢迎。

故事
巧妙地给对方台阶下

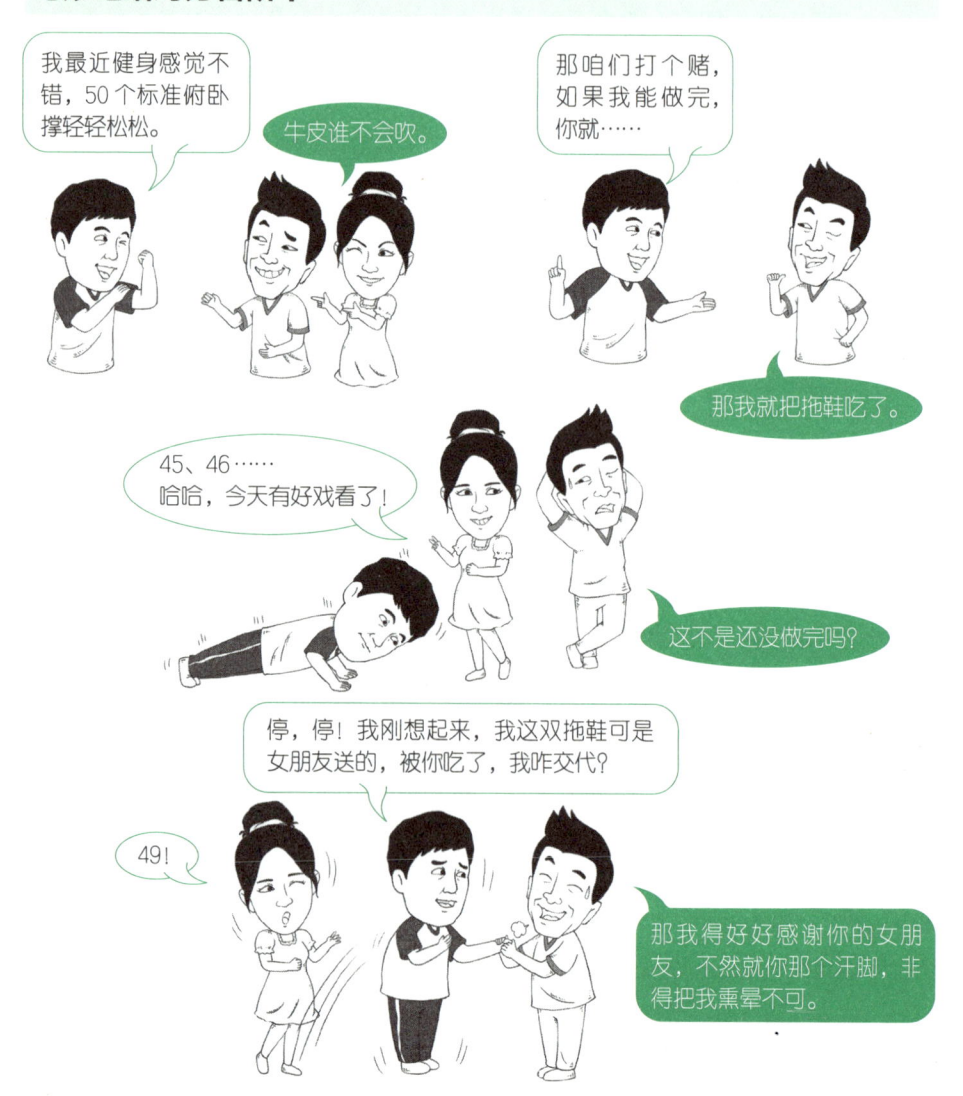

我最近健身感觉不错，50个标准俯卧撑轻轻松松。

牛皮谁不会吹。

那咱们打个赌，如果我能做完，你就……

那我就把拖鞋吃了。

45、46……哈哈，今天有好戏看了！

这不是还没做完吗？

停，停！我刚想起来，我这双拖鞋可是女朋友送的，被你吃了，我咋交代？

49！

那我得好好感谢你的女朋友，不然就你那个汗脚，非得把我熏晕不可。

指点迷津
借助幽默帮对方化解尴尬

当同伴陷入尴尬时，我该怎么办？

当然是打个圆场，给对方一个台阶下。

那这个台阶可不太好找？

嗯，的确。不过，有时候也不难，借助幽默就能帮对方化解尴尬。比如，和朋友AA制的时候，朋友算错了账，你可以说，你用的计算器过时了吧？该换新的了。

在社会交往中，要做到用幽默救场，其实并不容易。那么，如何在平时培养自己的幽默感呢？

幽默感确实是天生的，但并不等于后天就没法培养。培养幽默感最有效的方法就是亲身体验和尝试。现在很多城市都有脱口秀俱乐部和"开放麦"，可以亲自去感受一下。

培养自身的幽默，还可以在社交平台上找素材。比如多看"弹幕"，很多有趣的"梗"和网络段子，大多来自弹幕网友的智慧。还有一些幽默博主的视频，也可以让你快速获得有用的幽默素材。

在同事朋友面前经常"预演"一下，也是很好的培养幽默感的方法。比如，和同事一起吃午饭的时候，大家边吃边聊，气氛相对轻松一些，你可以选择在这个时候"小试牛刀"。

幽默大挑战
在任何场合中，幽默都是一种很好的救场方式

在生活中，有时候会出现尴尬的沉默，这时候你就可以用幽默来打破僵局。比如说："我们现在就好像在参加默片比赛，但我猜我们都没得奖。"这样的幽默既缓解了气氛，又让人觉得你风趣幽默。

在社交场合，面对别人的失误造成的尴尬，也可以大度地用幽默的方式主动替对方解围。比如，在一个酒会上，当别人不小心把酒洒在你身上时，你可以笑着说："哈哈，看来你的酒很迷恋我这件衣服啊，忍不住往我衣服上靠，我得换一件才行。"这样既展现了自己的风度，也化解了对方的尴尬。

在工作场合中，面对同事的"直白"和有口无心造成的尴尬，用幽默的方式来应对，既能维护自己的尊严，又能给大家一个台阶下。比如，同事问你："你业务能力那么强，啥时候升职啊？"你可以说："我的上司太喜欢我了，我还想在他的团队里多待会儿呢！"

在恋爱场合中，尴尬的情况也比比皆是，你可以试着用一些幽默的话语救场，化解尴尬的同时，还能展现个人魅力。比如，尴尬时可以讲个幽默的笑话来缓解气氛，笑话不需要很复杂，只需要有趣就可以了。或者，也可以借机自嘲一下。需要注意的是，不要为了幽默而幽默，并且要留意对方的反应，如果对方压根就没有笑，或者只是扯了一下嘴角，反应很冷淡，说明幽默的话没有达到效果。

第五章 用小幽默化解大尴尬

用幽默维护面子

完了，这不丢人丢大了吗？

哈哈，你这是怎么啦？

完了，真丢脸啊。

呦，你这是刚来咱地球吧？看来还不适应地心引力。

用幽默为自己救场

不好意思，上来得有些着急。

谢谢大家！是你们的热情让我为之倾倒。

第六章

用幽默为爱加点料

再热烈的感情，随着时间的推移，也会归于平淡。想要保持长时间的甜蜜，不妨就利用幽默来给感情升温。没有人会拒绝幽默的人，恰当的幽默可以替代风花雪月来营造浪漫的效果，增加彼此之间的亲密度。

遇到喜欢的人，用幽默制造接近的机会

所有的爱情都是从男女的相互接近开始的，想要顺利地接近喜欢的异性，又不使对方心生反感，在沟通时，就要用幽默抓住这次来之不易的机会。

自古幽默得人心。我们之所以会记住比较幽默的人，就是因为他们的幽默特质在我们的脑海中留下了印记。尤其在两性关系中，幽默是一种非常重要的魅力因素，它可以拉近彼此的距离，增加互动的乐趣，缓解尴尬的气氛，擦出爱情的火花。

一个男人去相亲，跟女人说完几句话就冷场了，然后男人开始翻手机，女人觉得这个男人既无趣，也很不礼貌，便打算离开，结果刚起身就被男人叫住了。男人说："我这个人不会说话，我在用手机搜怎么跟心仪的女孩子搭讪……"女人听完，脸一下子就红了。

幽默的话语，往往能使场面峰回路转，为你带来意想不到的收获。异性之间来往，相识的那一刻不一定有愉快的开场，也可能非常尴尬。但往往懂得在尴尬之中制造幽默，而后在放松的气氛下慢慢拉近彼此的距离，是最能撩动心弦的。

幽默也是一种含蓄的表达方式。遇到喜欢的人，我们尤其要注意运用合适的交往方式，把握好与异性交往的尺度和时机，诚恳待人，热情幽默，自尊自重，以良好的修养和品性赢得异性的尊重。因此，想拥有一段浪漫的爱情，

或是想接近喜欢的异性，我们不妨先学点幽默的技巧，学点跟任何人都聊得来的本事。

> **故事**
> **和女孩搭话的幽默技巧**

你为什么一直盯着我看？

你太迷人了，我总是忍不住看你。

我有什么地方吸引你？

你就像是一朵盛开的鲜花一样。

可你像甲壳虫一样，我可不喜欢你。

不，你说错了，我像只蜜蜂才对。

你这么会说话，不出意外一定有不少红颜知己。

其实她们都尊称我为"护花使者"。

指点迷津
幽默赢得好感

> 为什么我和女孩搭讪总是聊两句就没有下文了?

> 主动搭讪的一方一定要能消除陌生人之间的距离感,否则几句话下来,就又会陷入沉默。

> 那我该怎么做呢?

> 在搭讪的过程中,要用幽默去吸引对方,从而让对方对自己产生好感,才能获得更多的交流机会。

遇到喜欢的人,如何用幽默制造接近的机会?

我们可以真诚且幽默地表达诉求。女生基本上都很难拒绝幽默的男生,如果你摆出一副真诚的态度,外加些许一本正经的幽默,一定会出其不意地引起她的好奇心。比如,"你好,我想问一下……问什么我忘了,其实我只是想过来认识你"。

我们可以用问路的方式作为开场白。对问路的人,大家一般都是比较热心的。问路的时候,直接过去简单打招呼,尽量问比较常见的地方,然后在对方指路的过程中,注意细心观察对方,找话题进一步搭话。如果你说话比较风趣,对方可能会被你吸引。

幽默大挑战
用幽默为关系的建立"加油"

♀ 遇到喜欢的人，用幽默的开场白来制造接近的机会

如果你希望与某人建立关系，但是又不知道如何开始，那么你可以试试幽默的开场白。先用开场白把对方的注意力吸引过来，然后释放幽默、亲密和友善等吸引力元素。比如，"如果你打算继续这样看着我，至少和我聊两句吧""你好，是这样的，出于对美的尊重，我带着虔诚之心来和你打个招呼""嗨，你看起来不像坏人，我可以和你认识一下吗"……

♀ 当我们遭遇拒绝时，也可以用幽默的方式来应对

在认识新朋友的过程中，如果遇到一些问题或者遭遇尴尬和拒绝，也可以用幽默的方式来应对。比如：

对方说："我已经有男朋友了。"你可以回答："不好意思，我对你男朋友不感兴趣，也不想认识他。"

对方说："对不起，我不给陌生人留电话。"你可以回："我叫某某，你告诉我你叫什么，这样我们就不是陌生人了。"

对方说："啊，你吓了我一跳！"你可以回："不好意思，这段掐了，你当什么事也没发生，我们重来一次。你好……"

你说："留个电话吧？"对方说："为什么呢？（犹豫）"你可以一脸真诚又一本正经地说："因为你不像坏人呀！"对方说："呵呵，不像坏人的多了。"你假装夸张道："哪里啊，你看周围，这个这个这个……他们都不像好人……"然后对方可能就被你"一本正经的胡说八道"逗乐了，进而卸下心防，距离更近一步。

第六章 用幽默为爱加点料

💡 一语双关式幽默

你为什么这么黑?

经常在外面跑,免不了晒黑。 ❌

你为什么这么黑?

因为我不是一个"肤浅"的人。 ✓

💡 "字面梗"式幽默

你是不是想追我?

想和你认识一下,交个朋友。 ❌

你想追我?

是啊,等会儿你一定要跑快点。 ✓

· 089 ·

用幽默的方式，表达对爱人的责备和不满

> 过于直白的指责，势必会伤害对方，也容易引发争吵。如果幽默地表达对爱人的责备，对方会更乐意接受。

两性相处中，有时候会为日常琐事大动干戈，其原因之一就是双方的话语中都缺少幽默的元素。如果能在指责和表达不满的时候采用幽默的方式，那么事情往往已经成功解决一半了。

妻子对丈夫说："结婚纪念日我们去哪儿呢？"丈夫回复："一定得去我从来没去过的地方！"妻子笑道："那就去厨房吧！"

结婚后，家务活变多了，丈夫可以用幽默的方式巧妙地提醒妻子分担家务。同理，如果丈夫很懒，即使工作不太忙也不肯与妻子分担家务，那么，妻子也可以用幽默的方式提醒丈夫。比如妻子在厨房忙完后，对着久坐不动专门等着吃饭的丈夫说："今晚的菜，你可以自己选择。"丈夫问："都有什么菜啊？"妻子回："炒土豆。""还有呢？""没有了。"丈夫疑惑道："那你让我选什么？"妻子笑道："你可以选择吃或不吃。"

生活中，我们可能会对自己的另一半有各种各样的看法，当我们有所不满时，如果直言不讳，难免会伤害对方。如果能将批评的话语包装成"糖衣炮弹"，对有缺点的一方进行善意的揶揄和有节制的规劝，以幽默的方式表达自己的不满，那么就可以在达到批评目的的同时，又增添了情趣，让对方心甘情愿地改正错误，而不至于伤害彼此的感情。

故事
借幽默让爱人戒烟

亲爱的,你还是把烟戒了吧。

你说得轻巧,这是说戒就能戒的吗?

你看看这篇文章,吸烟有多少害处。据说每吸一支烟就要减少5分钟寿命……

你这是在害我。

戒烟对身体好,怎么说是害你呢?

这篇文章中还说了二手烟的危害更大,我们办公室里的人都吸烟,我如果不吸,岂不是要受到更大的伤害?

不抽了,以后不抽了。

既然这样的话,那请你以后也给我和孩子每人买一包香烟吧。

指点迷津
幽默的建议更容易被接受

> 灵姐,为什么我每次指出老公的坏习惯,我们总会吵起来。

> 批评的话会让对方感到不适,容易激起对方的逆反心理,在明知理亏的情况下也要反驳。

> 那我该怎么做呢?

> 用婉转、幽默的话让对方意识到自己的错误,他们就会愉快地接受建议并改正。

如何用幽默的方式,表达对另一半的不满?

我们可以用委婉的方式表达自己的意见。委婉地表达意见,可以是日常生活中的一个戏谑,也可以是饭桌上的一句玩笑。比如,另一半吃饭太快了,你可以开玩笑地说:"怎么?着急吃完是想抢着去刷锅吗?"这句话既让对方知道你想让其吃慢一点,也表达了你想要对方一起分担刷锅洗碗的家务。

我们可以用诙谐的话语表达自身的不满。诙谐的话语能使恋爱充满乐趣,当对方的所作所为引起我们的不满时,诙谐的话语能让对方笑着接受我们的不满,并意识到自己的错误。比如,妻子说:"你经常说梦话,去医院检查一下吧。"丈夫笑道:"不用了,这病要是治好了,我就一点说话的机会也没有了,哈哈哈……"

幽默大挑战
幽默的表达是爱人之间的润滑剂

两个人在一起生活时间久了,彼此有不满和抱怨是很正常的。但如果堆积了很多问题,长时间得不到解决,负面情绪无处排遣,势必会影响伴侣之间的感情。如果在表达对爱人看法的时候能够采用幽默的方式,那么一方的意见往往更容易被另一方接受。

假如你的另一半粗心大意,不够体贴,将重大的纪念日都忘记了,你可以旁敲侧击:"亲爱的,你还记得你钓到过一条10斤重的大鱼吗?"对方骄傲地回答:"当然记得,那是我钓过的最大的一条鱼了,可把我高兴坏了!"你接着说:"那你还记不记得,那天你还领了一张结婚证?"

假如你的另一半漫不经心,不懂欣赏,你可以借着对方喜爱的事物这样说:"要是社区举办个'认妻'/'认夫'比赛,我恐怕要抱着花盆你才能认出我。"对方疑惑道:"为什么?"你沮丧道:"因为你看它的次数远比看我要多得多。"

假如你的另一半过于懒散,总是忘记分担家务,你可以这样说:"亲爱的,上星期看你比较忙,没有时间做家务,如果这星期你仍然忙的话,我还可以替你再做一周!"

幽默是一种灵活的表达方式,它可以明确而又温和地表达出我们的看法。如果能用幽默的方式代替责备,用幽默的话语表达对另一半的不满,那么,对方往往能更好地了解并接受我们的意见,重新审视自己,弥补不足,从而避免让生活中的小小波澜演变成失控的惊涛骇浪。

特别 会说话的人这样说

💡 用幽默的方式表达责备

> 你能不能不要把脏衣服扔得到处都是?

> 我每天上班这么累,好不容易回家休息会儿,你收拾一下不就行了吗?

❌

> 亲爱的,我这一进屋还以为家里进贼了呢,把衣服翻得到处都是。

> 真对不起,我现在就收拾。

✓

💡 用幽默的方式表达不满

> 今天的菜又咸了,和你说了多少次少放盐、少放盐,你就是不听。

> 爱吃就吃,不吃就自己做。

❌

> 你怎么不吃啊?

> 等一会儿,让我把它看淡一些。

✓

吵架了，用幽默缓和一下关系

夫妻争吵之后往往会冷战，如果不知该如何处理冷战，不妨利用幽默打破僵局。

日常生活中，我们经常会看到这样的情景：在公共场合彬彬有礼的夫妻，在私下却会因为一些小事而大动肝火。而且一旦吵起架来，双方似乎都失去了理智，哪壶不开提哪壶，互不相让，越是关系亲密，越是知道对方的痛处，越是能惹恼对方。等到冷静下来，才发现争吵的内容是那样愚蠢、无聊。

夫妻之间朝夕相处，没有炒勺不碰锅沿的。吵架会在家庭生活中激起波澜，但如果处理得当，争吵过后，彼此会更加了解和体谅对方。

外出途中，一对夫妻大吵了一架，谁都不愿意跟对方说话。这时，丈夫看见不远处农庄中的一头驴，觉得自己应该幽默一下，便指着驴道："它好像和我有点像。"妻子答道："是的，我和驴也有点关系。"丈夫问："什么关系？"妻子问："夫妻关系。"

在亲密关系中，幽默可以很好地打破僵局，调节气氛，缓和矛盾，消除彼此之间的隔阂。

故事
吵架了，来点幽默

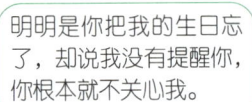

明明是你把我的生日忘了，却说我没有提醒你，你根本就不关心我。

我一天那么多事，怎么可能什么都记得住，再说提醒一下又怎么了？

闭嘴吧，我现在不想和你说话。

不说就不说，谁怕谁啊？

好啦，我错了，行不行？

奇怪，哪儿去了？

第六章 用幽默为爱加点料

> 你到底在找什么啊？
> 谢天谢地，终于找到你的声音了。
> 我确实是忙忘了，下不为例好不好？
> 好吧，这次就原谅你了。

指点迷津
用幽默缓和关系

> 滕哥，当两个人冷战时，一方想要缓和关系却又不愿事事都卑躬屈膝地认错，该怎么办？
> 可以先利用幽默的言行来缓和彼此之间的气氛。
> 那我具体该怎么做呢？
> 关键一定要主动，以一些搞笑、滑稽的言行来博对方一笑，随后如果是自己的问题就认错，是对方的问题就给对方一个台阶。

吵架之后出现的冷战僵局如何打破？最好的办法就是用幽默的方式化解。

适当的幽默可以缓和紧张的气氛，帮助双方减少敌对情绪，一个有趣的笑话或小恶作剧会产生一定的积极情绪，有助于重建友好氛围。比如，你说："不要冷战了好吗？你再不理我，我就要变成'狗不理'了！"对方听了肯定觉得又好气又好笑，但是两人的关系能够就此缓和很多，僵局也就被打破了。

适当的幽默可以转移人的注意力，让对方从冲突或冷战中跳出来，卸下防备，重新审视问题，并开始寻找解决方案。比如，用搞怪的语气说："你喝不喝耗油（你和不和好呦）？我发现一家很棒的餐馆，要不要一起去？"

适当的幽默还可以化解吵架后的负面情绪，实现互动，增进理解，重塑彼此之间的情感联结。

幽默大挑战
用幽默打破冷战的僵局

夫妻或情侣之间发生争吵,其实很多时候只是因为鸡毛蒜皮的事,没有绝对的谁对谁错。这个时候可以少讲一些严肃的道理,多添几分活泼俏皮的幽默。

比如,你和你的另一半吵架了,她在一旁一声不吭,满脸怒气,你不妨拿上一面小镜子走到她面前,笑着说:"亲爱的,快照一照吧,看看你的嘴嘟得多高,都快能挂我的大棉袄了!"这样的打趣很容易打破僵局,不快的情绪也会在轻松的氛围中慢慢消失。

除此之外,还有很多幽默的方法可以打破冷战之后的僵局。

○ 用幽默的方式讲和

想跟对方讲和时,可以给对方讲这样两个故事:

"从前有三个好朋友,分别叫'好吧''坏吧''随便吧'。有一天,坏吧对随便吧说:'我们出去玩吧?'随便吧就问:'都有谁啊?'坏吧说:'我们和好吧!'"

"有一只菠萝去理发,但是人很多,等了半天理发师也没帮它理,它委屈地喊道:'你理理我吧!'"

○ 用幽默的方式道歉

想跟对方道歉时,可以给对方讲这样两个故事:

"有一只小鸭子在排队,想和前面的鸭子们对齐,可是怎么都对不齐,"它着急道:'对不齐鸭!对不齐鸭!'"

"有一个特别能吃辣的人跑到一家特别辣的饭店,要向老板挑战最辣的辣椒,老板拿来一碗辣椒介绍道:'这是我们的独门辣椒,名字叫龌龊。'结果才吃了两口,那人就辣得受不了了,一直问老板:'你这是什么辣椒啊,

第六章 用幽默为爱加点料

这么辣！'老板说：'齷齪辣（我错啦）！'"

幽默劝饭

饭做好了，该吃饭了。

别理我，我不吃。

皇后娘娘，该用膳了，今天的菜都是你爱吃的。

那还不赶紧扶本宫去用膳？

幽默博笑

我嫁给你，简直就是一朵鲜花插在了牛粪上。

对对对，你是鲜花，我是牛粪，行了吧？

我嫁给你，简直就是一朵鲜花插在了牛粪上。

老婆大人，牛粪来找鲜花了，鲜花能否赏牛粪一个笑脸啊？

·099·

下篇 敢说『不』

第七章

委婉拒绝你能力之外的事

很多人因为抹不开面子,明知一些请求超出自己的能力范围,也会勉为其难答应下来,结果事情没办好,还把对方得罪了。倒不如一开始就坦荡一些,委婉但明确地表达拒绝,对方反而不会怨你。

朋友请你帮忙,做不到不要勉强答应

当朋友的所求超出自己的能力范围,哪怕有八九成的把握,也千万不要随意给出承诺。凡事都有个万一,万一出了岔子,你原本好心的承诺,反而可能会伤害别人,伤害自己。

现实生活中,人们互相帮忙是很正常的事情,也是维护交情的一种方式。如果有一天,你的朋友求你帮忙办事,你无法办到,或者说你无法保证肯定能办到,那么就不要答应他,不管你们关系有多好。

没有金刚钻,不揽瓷器活。当朋友的请求超出了自己的能力范围,千万不要因为面子而勉强答应。如果你答应了,最终又没做到,你不但会失信于人,还可能会失去这个朋友。

周先生的一个朋友从老家过来,带父亲来城里的大医院看病,但苦于没有门路,想找周先生帮忙。周先生是个热心肠,他觉得老乡大老远跑过来,于情于理都应该帮这个忙,便一口答应了。可是周先生自己又没有医院的人脉,折腾了一个星期,都没挂到专家的特需号。

最后,老乡还是带着父亲回老家治疗了,据说因为进城一周时间,还耽误了病情,落下了后遗症。

后来,周先生过年回老家都不好意思去见这位老乡。这就是好心办坏事还招人埋怨的结果。

所以,在答应别人之前,请先好好问一下自己,这事我到底能不能办,如果不能办，应该礼貌推辞。你说不能办，别人还能想想别的办法，你说能办，别人就只能等你的结果，结果搞砸了，人家只会更加怨恨你。

故事
做不到的事，尝试委婉推拒

老同学，我最近打算回来发展，有件事想请你帮帮忙。

你尽管说，咱们这么好的朋友，能帮我一定帮。

对你来说，应该也不是什么难办的事，就是能不能安排我去你爸的公司上班？

好啊，现在公司正好缺人呢，到时候我直接带你去看看，还不知道你能不能看上呢。

嗯，我在别的公司一直当经理，这次回来也想找个差不多的职位，你看？

这样啊，那我得给你问一问，我相信你的能力，但我现在不敢保证经理的职位有空缺。

主要我现在只负责财务这块，具体的人事问题，我还真不太清楚。我问一下，到时候给你消息吧。

你爸的公司，安排个人，还不是你一句话的事嘛。

指点迷津
拒绝未必会伤害感情

当朋友满怀期待地来找自己帮忙怎么办？

根据自己的能力做出判断，能办就答应，办不了就拒绝，切勿含糊其词，给人希望。

直接拒绝岂不是会伤害彼此之间的感情？

在拒绝时，需要给出详细且合理的理由，以证明对方所请的确爱莫能助，就能避免伤害感情。

朋友找你帮忙，具体该如何应对？

如果因为能力不够而帮不上忙，要在第一时间委婉拒绝，并说明理由。因为这恰恰是对对方的善意，不耽误对方实际是对他们最大的帮助。

如果愿意帮忙，但是对事情的把握不大，也要将自己的实际情况一五一十地告诉对方，千万不要轻易承诺，满口答应。

如果自己明明做不到，又因为面子而打肿脸充胖子，只会害人害己。两人的关系不会因为一次合理的拒绝就出现裂痕，但很可能会因为一方的失信于人而破裂。

我们总是不好意思拒绝别人，但其实拒绝别人的要求，同时也留住自己的面子并不难。当遇到这样的事情时，我们可以说"是这样，我还没有准备，我考虑一下再说吧"，或者"真的抱歉，这件事我帮不到你，别的事情的话或许还可以"，等等。

做不到就不要轻易答应，如果答应了，就要全力以赴地完成。

> **拒绝大挑战**
> ## 人际交往间，切莫吹牛皮

吹牛皮说大话是人际交往中的大忌，人们往往更喜欢跟诚实守信的人打交道。经常失信于人，而又喜欢夸夸其谈的人，是不受人欢迎的，人们也只会把他当笑话看。因为一个人的能力不是靠说的，而是靠做的。赚足了面子却做不到，只会为人所不齿。下面这些情况要拒绝：

◎ 个人能力有限要拒绝

一个人的能力再强，也有做不到的事情，所以千万不要轻易许诺。刘墉曾经说过："不要在必输的时候逞英雄，也不必在无理的环境下讲道理。否则，你就永远没有讲道理的机会了。"信义也是如此，一个人一旦失信于人，那么要想再获得对方的信任就很难了。"面子价值"与"长远信义"相比，孰轻孰重要想清楚。

◎ 客观因素无法改变要拒绝

在与人的交往过程中，如果真能为对方解燃眉之急，固然是好事，但办事说话一定要量力而行，切不可红口白牙说大话。尤其在许诺的时候，一定要把握好分寸，不要把话说太满。因为，有时候并不是全力以赴就能事事顺利的。很多客观因素无法改变，正常情况下能做到的事，放在特定环境特定时间，很可能就无法完成，所以许诺不可过于草率。

总之，朋友请你帮忙，一定要量力而行。承认自己可以，是魄力，承认自己不行，是勇气。你的好心，应该有魄力，更应该有勇气。

第七章　委婉拒绝你能力之外的事

💡 没有十足把握的事情不随意承诺：借钱

哥啊，弟弟我最近遇到点事，你能不能借我10万先应应急？

没问题，下个月我有一笔款到账，差不多有10万。

哥，能不能借我10万，急用。

按说我下个月有一笔款要到账，但不确定会不会出什么岔子。这样吧，如果能到，就给你用。万一没到，还得请你再想想办法。

💡 没有十足把握的事情不随意承诺：挂号

老同学，听说你老婆在医院工作，我父亲身上长了个瘤子，能不能帮忙挂个专家号？

没问题，你放心，包在我身上了。

老同学，听说你老婆是儿童医院的护士，能不能帮忙挂个眼科的专家号？我孩子的眼睛有点不舒服，想去检查一下。

嗯，我给你问问。不过，你也知道，眼科是最热门的科室，我也不能保证一定能约到。

自己的事情多到做不完，如何拒绝同事的请求

职场中，有些人总是打着"求帮忙"的幌子，将自己的工作强加给别人。当你面对这种情况时，一定要懂得拒绝，否则，以后这些人就会变本加厉地增加你的工作量。

在工作中，我们常常会遇到同事请求帮忙，处理超出自己工作范围的事情，比如帮忙处理文件、协调资源、解决问题等。

这种时候，如果选择去帮忙，势必会让自己的工作任务加重，影响自己的工作进度。而且，工作时间对于谁都非常宝贵，要是无法在正常工作时间内完成的话，还需要加班，浪费的就是自己的时间。

但如果不帮，又害怕同事心里会不舒服，从而影响两人之间的关系。

那么，当我们遇到需要拒绝同事的情况时，该如何妥善处理呢？

首先，我们需要坦诚地向同事表达我们的困境。我们可以告诉他们，我们的时间和精力已经被其他任务占用了，无法满足他们的请求。同时，我们应该尽可能地给出具体的理由，让同事理解我们的处境。

其次，我们可以寻求其他解决方案，比如引荐其他同事或者提供其他资源等，为对方提供其他建议。我们可以与同事一起探讨不同的选择，并帮助他们找到最佳的解决方案。

最后，无论我们如何拒绝同事，我们都应该保持友好和专业。我们可以感谢他们的信任，同时表示愿意在未来提供帮助等，从而与同事保持良好的

第七章　委婉拒绝你能力之外的事

工作关系，并避免发生任何不必要的冲突。

作为职场人士，我们需要平衡好自己的工作和他人的请求，保持高情商，做到既能礼貌拒绝，又不伤感情。

故事
委婉拒绝同事的请求

> 姐，能不能帮我个忙？

> 咋了，出什么事了？

> 我男朋友来公司接我了，在楼下等半天了，我想先走一会儿，可我这还有工作没做完，你看能不能帮我做完？

> 喂，哪里的问题？就改方案最后的处理是吗？好，我知道了。

> 你说怎么了？我刚没听清。

> 我也想帮你，可我今天还有三份报告得交，领导还等着看呢，确实抽不出时间来，要不你去问问谁有空能帮你吧。

> 我想先走一会儿，你能不能帮我把方案写完，没多少的。

> 好吧，我去问问别人。

·109·

指点迷津
拒绝对方又不伤和气的方法

为什么同事们习惯将自己的工作甩给我？

因为你不懂得拒绝，或许是放不下面子，或许是不忍心辜负他们的期待。时间一长，他们就会经常来找你"帮忙"。

那我该怎么做，才能既不伤和气，又能成功拒绝他们呢？

先降低对方的期待，再拒绝对方，就能减少对彼此关系的影响。

面对同事的不合理请求，并非不能拒绝，只要你给对方一个合理拒绝的理由，那么都有哪些合适的理由呢？

表明自己目前的工作比对方的更重要。告诉对方，自己手头的工作领导特别重视，不能出错，已经忙得焦头烂额了，所以没有精力去做其他事情。

表明自己有其他安排，确实没时间。可以的话，把你的时间行程拿给对方看，以便提高可信度。

表明自己对不在职责范围内的工作不熟悉，心有余而力不足。告诉对方自己很可能会帮倒忙，可以的话，还可以举一个事例。

表明要请示自己的领导，请领导来定夺。把决定权推给第三方，当牵扯到其他人的时候，或许他们就不会纠缠不休甚至道德绑架了。

拒绝大挑战
学会拒绝同事的求助

用委婉的方式拒绝。委婉拒绝首先要表达感谢和理解，同时强调自己的工作任务。

比如，我们可以这样委婉地回复同事的请求："谢谢你对我的信任，我理解你的需求，但是我现在正忙于……（自己的工作任务），需要时间来完成。我建议你去找其他同事来帮助你处理这件事情。"

用直白的方式拒绝。委婉拒绝需要一定的语言组织能力，还需要同事有一定的领悟能力。碰到那种"迟钝"的同事，如果用委婉的方式，可能你说了半天他都没反应过来，还以为有回转的余地，这个时候直白一点拒绝效果反而更好。

帮同事的忙，本就是出于情分，也是基于自己有空的时候，而不是自己必须做的。要是你的同事觉得，你给他帮忙是理所当然的事情，那么你就无须考虑情分的事了，直接拒绝就好。比如，"不好意思，我还有很多工作没做完，帮不了你"。

用支招的方式拒绝。我们可以在了解对方需求的基础上，提供相应的资源和建议，比如推荐软件、链接或专业知识等，通过引导对方学习如何解决问题，帮助对方建立解决问题的能力，也避免对方产生依赖的心理。比如，你可以这样说："我了解你的需求，你可以尝试搜索解决方案，或者向负责该事情的同事寻求帮助。如果你需要资源和建议，我可以提供一些相关链接和软件推荐，帮助你解决问题。"

拒绝换班

> 能和我换下班吗？我今晚有个约会。

> 约会？好像每次轮到你值班，你就有约会。不好意思，我也有。 ✗

> 能和我换下班吗？我今晚有个约会。

> 真不巧，今天我也约人了，餐厅都订了。 ✓

拒绝代劳

> 江湖救急啊，抽空帮我检查一下。

> 我哪有时间，我的工作还做不完呢。 ✗

> 江湖救急啊，抽空帮我检查一下。

> 我也想帮你啊，可我怕我做不好耽误你的事，到时候害你挨批评就不好了。 ✓

亲戚托你办事，该回绝就回绝

由于血缘或裙带关系，对待亲戚无法像对待外人一样简单直接，这也恰恰让人难以拒绝他们的请求。可即使有亲戚关系的存在，也要坚持自己的原则，该拒绝的请求也要拒绝。

很多人经常会接到亲戚朋友的请托，而那些五花八门的需求大多都是自己能力范围内办不了的事情，王志就是其中一个。

刚开始的时候，王志也很热情，对于亲戚朋友、左邻右舍需要跑个腿、办点事什么的都尽力帮忙。但随着"老好人"的形象深入人心，亲戚们的请托逐渐多了起来。

远房表姑家的儿子刚大学毕业，希望王志能帮忙找一个好工作。王志便厚着脸皮跟副主任说了这事，人家也帮忙了，但是最后小伙子嫌工作累，干一周就不干了。为此，王志觉得自己欠了个大人情，表姑却不领情，还觉得王志没尽全力。

二大爷家的姑爷是包工头，经常遇到工程款结不下来的情况，为此三天两头打电话要王志帮忙。王志就跟二大爷讲，最近财政紧张，不过应该快了。结果大半年过去了，工程款还是没拿到，二大爷觉得王志一点儿也不用心。

堂哥家的女儿要读县里的重点小学，由于不在划定的片区不能报名，找王志帮忙。王志知道自己办不了，但还是硬着头皮给校长打了电话，可校长一句"必须遵守划片规定"就把王志堵得哑口无言。堂哥还觉得王志连小孩读书这点事都解决不了，肯定是不想帮……

所以我们在接到亲戚朋友非正常请托后，一定要第一时间摆正立场，不能办的坚决不办，该回绝就回绝，绝不要模棱两可，让他们抱有幻想。对于能办的事情，也要遵守工作纪律和相关规定。

故事
如何拒绝远房亲戚？

——听说你的公司做得挺大，我儿子也想做生意，看看你这个表姐能不能帮帮他？

——他什么学历？学的什么专业？英语怎么样？

——他大专毕业，学的中医药专业，英语从小就不怎么好。

——还不是他嫌工资低，就想做生意，我就想起你生意做得大，能不能带一带他，让他跟着你学习学习。

——这个专业也挺好，就业并不难啊。

——想学做生意也是好事，我也想让他到我这儿来。不过，我这基本都是对外贸易，对英语要求比较高……

——那有没有别的适合他的活儿？打杂也行。

第七章 委婉拒绝你能力之外的事

> 姨妈啊，就是我愿意让他来打杂，他恐怕也不愿意来啊。你想，他现在这么年轻，正是学东西的时候，应该找一个适合他的环境，去历练打磨，是不是？

> 嗯，你说得有道理，那我让他自己琢磨琢磨吧。

指点迷津
拒绝时给出对方替代性方案

> 有些亲戚总是找我帮忙，我又不好意思拒绝，真不知道该怎么办。

> 无论求助对象是谁，只要超出自己的能力范围，都要拒绝，否则就会给自己带来很多麻烦。

> 可就这样拒绝，很容易遭到他们的指责。

> 不好直接拒绝的话，就可以选择告知对方自己的难处，或者提供一个更合理的方案，但要坚持拒绝的原则。

如何拒绝亲戚的不合理请求？

拒绝的方式要委婉。亲戚不是陌生人，以后还要走动，所以拒绝的方式要委婉。首先你可以感谢对方对你的信任，在遇到困难的时候想到了自己，同时表达自己无能为力的歉意。表达歉意的时候不要用力过猛，以免让人觉得你很虚伪。拒绝的时候也不要表现出厌烦，而要自然一点，亲切一点，保持礼貌。

拒绝的态度要坚决。拒绝的时候，不要犹豫，也不要因为别人的多次劝说而动摇，这样别人会觉得还有回旋的余地。既然决定要拒绝对方的请求，

· 115 ·

那就干脆一点，不要扭扭捏捏，耽误大家的时间。

拒绝的理由要充分。在拒绝对方的时候要顺带说出自己的理由，并且要足够充分，这样别人才会死心。理由最好是比较真实可信的，不然被别人拆穿了更尴尬。

拒绝大挑战
守住底线，该拒绝就拒绝

亲戚找你帮忙，甚至找你的父母求你帮忙，碍于面子不好直接拒绝，我们可以把原则提前摆出来，触及原则便放弃。

亲戚有事相求，我们需要在自己还未施以援手之前，把原则提前摆出来。首先声明，一旦触及自己的原则，就只能放弃。这样一来，可避免自己为难甚至遭殃。

因为有些人即便是向自己的亲戚求助，也习惯将自己的诉求从易往难一步步提出来。他们担心一开始就把事情的利害关键之处和盘托出，对方会觉得太过棘手而拒绝，所以开始的时候只会拣容易的说。等到对方应允之后，随着事情的进展再逐渐将对方拉下水，届时对方想脱身都不行，只能负责到底，甚至担上了本不该承担的风险。

所以，先把自己的原则底线摊开来跟亲戚讲明白，强调能帮多少是多少，告诉对方，超出自己的心理和能力承受范围的，那就恕自己爱莫能助了。对方事先有这样一种预知，就算这个忙未必能帮到底，双方的关系一般也不会受太大的影响。如果对方依然不依不饶，那么断绝来往也是一种明智之举。

此外，我们还要谨防自己变成老好人。不懂拒绝，试图满足所有上门求助的人，本身就是个道德陷阱。受惠的多数人会觉得你只是做了个顺水人情，并不会多感恩，而被拒绝的少数人也会觉得你看人下菜碟，故意不帮忙，反而容易被记恨，人际收益极低。

第七章 委婉拒绝你能力之外的事

💡 告知对方自己的难处

> 你让你弟弟去你公司不就得了,反正你是管招人的。

> 大姨,哪有你说得那么简单?公司又不是我开的。 ❌

> 就让你弟弟去你公司吧,什么学历不学历的,你到时候帮他遮掩着点。

> 如果我有这个权力我当然愿意要他,但公司有规定,不是我让他进公司,他就能一直干下去。一旦查出来,他被开除不说,我也要跟着遭殃的。 ✓

💡 提供合理的替代方案

> 你表弟最近要来城里上学,住不惯宿舍,你看能不能在你这儿住?

> 不太方便,你还是想想别的办法吧。 ❌

> 你表妹最近要来城里上学,住不惯宿舍,你看能不能在你这儿住?

> 我家里地方小,也不方便,不如我帮她在学校附近找个房子吧? ✓

· 117 ·

第八章

巧妙拒绝你不想做的事

拒绝并不是简单地说"不",而要注意拒绝的方式和方法,以对方无法反驳的理由委婉拒绝,就能有效避免矛盾的产生。过于直白很容易伤害彼此之间的感情,甚至遭到记恨。

别人向你借钱，怎么拒绝不伤感情

借钱是一件很考验人品、关系和心态的事情，心甘情愿借出去还好说，如果自己手头也紧，或者压根儿就不想借给对方，那么该如何拒绝，才能既不伤感情又不用把钱掏出去呢？

并不是说所有人找你借钱都要拒绝，所谓"救急不救穷"，亲朋好友出了重大意外或者得了重病急需用钱，开口找你借，就算借不了那么多，也应该聊表心意。但如果借钱是用来买车、买房、买手机、买包包等，那么不好意思，借不了，我手头还紧呢！

当别人找你借钱时，千万别上来就问："借多少啊？"因为你这么一说，对方就觉得有戏了，可能本来想管你借1000的，但听见你这句就会先借个5000再说了。如果你本来不打算借钱，说了这句话，最后有很大概率会借给对方，只是借出去多少的问题。

所以，当别人找你借钱的时候，要先问原因，不要问金额。一方面是为了判断救急还是救穷——当然，救急的话也要判断好真假，别被忽悠了；另一方面也显得自己重情重义——言下之意，这不是钱的事儿，而是我听到你要借钱，担心你是不是遇到什么难处了。一个人想要借钱，一定是想解决当下财力解决不了的问题，所以，金额不是最重要的，原因永远比金额重要。

当别人向你借钱时，先要了解对方借钱的用处和紧迫程度，然后再考虑借了钱会不会影响自己的正常开支。如果你觉得对方值得信赖，又不会影响自己的生活质量，那么借了也无妨。

但如果对方并无明确还钱的机会或能力，甚至超出了自己的财务能力，又或者你俩的关系压根儿没好到可以借那么多钱的程度，就需要学会拒绝。

故事
巧妙拒绝他人借钱

滕哥，能不能借我2万？

怎么了，出什么事了？

没啥大事，我那生意得用点钱周转一下，你手头宽裕吗？

来得实在不巧，我前几天刚买了一些理财产品，手上确实没有闲钱。你早点说，我就少买点了。

我下个月就还你。

瞧你这话说的，我还骗你？你看，这是我上周购买理财产品的短信通知。

你如果实在着急用，我有一个银行的朋友，能帮忙做信用贷，放款很快，你可以试试。

算了，我还是想想别的办法吧。

第八章　巧妙拒绝你不想做的事

> **指点迷津**
> **陈述自己没钱的理由**

当别人向我借钱时，我不想借，却总是拉不下脸来怎么办？

因为你担心会因拒绝借钱而伤害彼此之间的感情。但该拒绝时一定要拒绝。

那我该怎么拒绝他们呢？

表明拒绝的态度，突出自己的难处，陈述自己实在没钱可借的理由，最后安慰一下对方或提供一个解决方案。

当别人找你借钱时，我们要如何应对？

当别人找你借钱时，一般都会花心思准备好说辞，所以你也不要第一时间就拒绝，而是花点时间去倾听对方想要借钱的原因，同时也给自己时间想好委婉的拒绝理由。

当别人找你借钱时，你可以通过理性沟通、坦诚相待的方式，委婉地拒绝。在沟通过程中，你可以向对方说明你的经济状况，让他了解你的难处。

当别人找你借钱，你在委婉拒绝后，还可以告诉他，你愿意帮他想想其他解决办法，并在其他方面给予他帮助和支持。你可以帮他寻找其他借贷机构，比如说："上次谁谁谁没钱就是找××银行借的，你可以用这种方法。"这样朋友就会觉得，虽然你没钱借给他，但还会帮他想办法，就不会因为你没借钱而产生怨恨了。

> **拒绝大挑战**
> ## 善用巧妙的语言，让别人不好意思向你借钱

可以适时地跟向你借钱的人哭哭穷。每个人都有自己的难处，当他人诉说自己的困难时，你也可以把发生在自己身上的，而且比对方还困难、还惨的事情拿出来说，对方听完可能就不好意思找你借钱了。

给对方一个类似的用钱理由。如果对方说借钱是因为要买房，你就说你恰巧近期打算买辆车；如果对方说老板承诺的奖金没兑现，你就说你老板还拖欠着工资呢；如果对方说急需用钱周转，你就说你把钱都拿去做理财了，要大半年才能到期等。

可以宣称家里的钱都归老公或老婆管。当别人向你借钱的时候，你可以先答应下来，同时跟对方说，你的钱都在老婆或老公那里，需要回去商量一下，然后隔几天再说老婆或老公不同意。比如同事来借钱里，你说："可以啊，但是钱不归我管，在我老婆那里，等我回家叫我老婆取出来，明天给你。"等到第二天，对方问你要钱的时候，你再一脸沮丧地说："老婆说钱已经留作他用了，我好说歹说都不行，最后她居然和我动手了……"

在对方面前抱怨工资低。别人想和你借钱的时候，你可以抢先在他面前抱怨自己的工资如何低，老板如何抠门，每天做了那么多工作才拿那么一丁点儿工资。对方在听你的抱怨时，除了安慰，多半也不会再开口跟你借钱了。

跟对方说自己还欠着别人的钱。对方以为你有余钱才会开口跟你借，如果对方知道你不但没有富余，还需要跟别人借钱的话，估计就不好意思开口提借钱的事了。

第八章　巧妙拒绝你不想做的事

💡 跟他人哭穷

好久不见了，听说你都当主管了，薪水也涨了不少，借点钱花花。

我薪水涨了关你什么事？

能不能借我点钱周转一下？

不是我不借你啊，每个月除了各种贷款外，还要给孩子买奶粉、尿不湿……我那点工资就不剩啥了。我老婆这两年又没上班，我这压力山大啊。

💡 找一个类似的用钱理由

最近打算买房，手头差一点，你能借我点吗？

抱歉，没钱！

最近打算买房，手头差一点，你能借我点吗？

买房子，恭喜恭喜！按说买房我真应该多少帮你点，不过，也真是巧了，我最近也计划买房，正筹钱呢。

· 123 ·

不想去的应酬，怎么拒绝不会让对方没面子

面对一些不想去或去不了的应酬邀请，直接拒绝显得没有礼貌。应该在拒绝时表达出自己的歉意以及对无法参与的遗憾，然后给出一个无法反驳的拒绝理由，如此既拒绝对方的邀请，又不会让对方觉得没面子。

同事或朋友邀你一起出去玩或者去吃饭，但你因为各种各样的原因无法前往，可直接拒绝难免伤人面子，而且也会担心因此被对方讨厌，但是不拒绝又特别不开心，这种时候，我们该如何妥善处理？

遇到这种情况，不要犹豫，而要立即回答。因为沉默的时间越长，越难拒绝。当你沉默的时候，对方会忍不住在心里想："为什么他不回答我？在找拒绝我的借口吗？还是觉得我给他找麻烦了？"即使沉默后你的回答是"去"，对方可能也会在心里埋怨："有这么为难吗？"所以，千万不要沉默，一开始就明确回答对方，然后表明你没法去的理由，对方一般也会体谅。

表达拒绝时注意表现出很遗憾的态度。委婉拒绝朋友邀约，其中很重要的一点就是要表达出"其实我很想去，但是没办法，这次去不成真是太可惜了"的心情。由此一来，邀请自己的朋友也不会有不舒服的感觉，和朋友的关系也不会因此受到破坏。

就算拒绝，也要表达关心。生硬地回复"没兴趣，我不去"，会让被拒绝的朋友有两种想法："以后不找他了"和"这人性格不好"。所以，无论

什么情况，站在对方的立场稍微考虑一下，以体谅对方的态度去拒绝，是一种高情商的表现。拒绝的时候可以跟对方说："这次我虽然不能去了，但是你们那天怎么玩的也跟我说说哦。"以此来表达我们的关心，这样即使对方被拒绝，心里也不会太难受，更不会因此而对你不满。

故事
如何拒绝社交应酬？

大家周末计划一起去爬山，你也一起去吧。

我这周末有点不方便，去不了。

你能有啥不方便的？生龙活虎的。

我也想和大家一起去，不过家里给介绍了一个对象，让我周末带着她在城里逛一逛，推了好几次了，实在推脱不了了。

相亲啊，哈哈，终身大事的确不能耽误，那就等着喝你的喜酒喽。

八字还没一撇呢。

随缘吧。记得多拍点照片分享到群里。

你多献献殷勤，就成了！

指点迷津
拒绝的理由要具体且紧迫

> 不想去或去不了的应酬该如何拒绝？

> 先表示歉意，再给出适当的理由，让对方了解你的确去不了。

> 那随便找个理由就行吧？

> 那也不能经不起推敲，比如你明明活蹦乱跳，非说自己生病了也不合适。拒绝的理由要具体且紧迫，不宜推迟，常用的有去车站接人、陪家人去医院等。

对于不想去的社交应酬，怎么委婉拒绝不得罪人？

● 说明个人理由来拒绝

在拒绝别人邀约的时候，用简短、礼貌的语言说明个人原因是最基本的。我们要用诚恳的态度说明无法接受邀请的理由，比如其他计划、时间安排、个人情况等。同时，不要过多地解释，以免让人怀疑或误解。

● 拒绝的同时表达感谢

在婉拒别人邀约的时候，要注意感谢对方的邀请，并表达对对方的尊重和感激。但不要过度感激，因为并不是所有的邀请都必须接受，过度感激反而让人觉得虚伪。

● 拒绝的同时提供替代方案

在婉拒别人邀约的时候，也可以提供替代方案，这是一个十分有效的方法。例如约其他时间、其他地点，或者推荐其他适合的人，尽可能地寻找适合对方的替代方案。比如可以这样说："非常感谢你的邀请，但我已经有其他安排了,不能前往参加。不过,我可以推荐一些适合你的朋友参加,我一会儿把他们的联系方式发给你,你可以问问他们。"

拒绝大挑战
拒绝社交应酬时,理由要合适

拒绝邀请的最基本的方法就是给出不能参加邀请的理由。但是"我不感兴趣"这种话很难说出口,毕竟大家都是成年人,都要面子,这样赤裸裸地拒绝难免伤人。

以工作或家里的事情推不开为理由最合适。比如,"有推不掉的会议""亲戚住院了,说好了去探望""今晚还要加班,可能赶不上你们的聚会"等等。

以身体原因作为理由。比如,"我对酒精过敏没法喝酒""我最近皮肤过敏""我最近正在喝中药调理身体,没法吃刺激性的食物"等等,都可以作为正当的拒绝应酬邀请的理由。

拒绝的理由,以让朋友说出"那就没办法了"最好。切记不要以"我和男朋友约好了"或者"我约了其他朋友见面"等为由拒绝朋友,因为这样朋友会下意识地认为"在你心里我没他们重要",因此而不愉快。

可以用"等我有机会邀请你"来拒绝多次的邀约。拒绝中最难的就是已经多次拒绝对方的邀请后,下次再被邀请,自己还是想拒绝的情况。这个时候,你可以用"不要再邀请我了"的信号来牵制对方,试着说:"一直是你邀请我,我因为不方便总是没法赴约,真的很不好意思。下次我有空的时候,换我来邀请你吧!"

这样说,就不需要烦恼每次都得找理由拒绝的问题了,朋友会等着你来邀请他。即使日后被问到"你还不约我吗"之类的话,你只要说"我最近工作忙得不行,怎么也腾不出时间"就行了。

特别会说话的人这样说

💡 以其他安排为由

下班后一起聚聚吧，我订好位子了，大家都去热闹热闹。

❌ 我没时间，你们去吧。

下班后一起聚聚吧，我订好位子了，大家都去热闹热闹。

✅ 真不凑巧，我今天晚上约了医生看牙，还是上个月约的，这个诊所生意实在太好。下次咱们再约，你们玩得开心点。

💡 以接人为由

来了几个朋友，晚上一起过来吃个饭吧？

❌ 我不想去。

来了几个老同学，晚上一起过来吃个饭吧？

✅ 你看这事都赶一块儿了，我晚上得去机场接个亲戚，说是过来看病。真是抱歉，改天我做东，咱再聚。

客户的无理要求，怎么拒绝不得罪对方

当客户的要求过于苛刻，既超出了自己的能力范围，又不符合规定时，就要毫不犹豫地拒绝，切不可含糊其词。但在拒绝时尽量保持平和的态度，耐心解释，切勿引发争执，以免损害客户对你的满意度。

由于买卖双方立场不同，难免会发生矛盾和冲突。这时，如何巧妙地维护公司的利益，稳定客户的情绪，在拒绝客户无理要求的同时还不得罪对方，需要丰富的经验和高度的智慧。

比如，当买房的客户提出一些不合理要求时，聪明的销售人员会从客户的角度说服客户。

客户问："请问我买的房子，大概什么时候可以交房啊？"销售人员回答道："一般情况下，是在签完合同，收到首付款的三个月之后。"

客户不满意道："要那么长时间？一个月不行吗？"销售人员耐心地回答道："如果要求一个月收楼的话，工人就得赶工了，您也知道慢工出细活儿，赶工很容易忙中出错，到时候万一影响了您房子的质量，可就不划算了。"

客户这才松口道："这样啊，那就按正常时间交房吧！"

当客户一直坚持着让我们答应他的要求时，我们要做出理性判断。如果客户因为情绪问题提出不合理的要求，我们需要先安抚客户的情绪，等到气氛缓和后再"晓之以理"。

另外，我们还可以跟客户说清楚，如果我们做出了一定程度的让步，客

户就会承担相应的后果，或者也需要做出相应的让步，从而说服对方撤回无理要求。

> **故事**
> **客户催进度，用保证质量拒绝**

我的新房什么时候能装修完？

大概还要两个月的时间，之前我们合同签订的是三个月，您放心，我们保证能按时完工。

按照项目的进度来说，一个月是不可能的。

三个月时间太长了，我很着急，最多只能再给你一个月。

你多安排点人，加加班不就得了。

我理解您的心情，但我们还是要保证您房子的装修质量，赶工的话很容易忙中出错，到时候就划不来了。

好的，感谢您的理解。

这样啊，那还是质量重要，你们也抓紧一点，能提前就提前。

指点迷津
耐心向对方解释

> 当客户提出不合理的要求时，我该如何拒绝？

> 耐心地向对方解释原因，尽可能地让对方意识到自己的要求不合理，表明拒绝的态度。

> 如果对方一直胡搅蛮缠怎么办？

> 你一定要态度坚定地拒绝，千万不能碍于情面或想着敷衍对方就含糊其词，避免到最后问题难以说清。

如何拒绝客户的无理要求？

直接告知客户自己的难处。当客户提出不合理要求时，如果一味地迎合对方，对方只会变本加厉，我们的处境也会越来越被动。这种情况下，我们应该直接告知客户，如果我们满足了他的要求，公司将会如何处罚我们，以此来寻求客户的谅解和同情。

明确告知客户其中的利害关系。因为客户提出的无理要求，会引发一系列的问题和后果，我们要让客户清楚地知道，满足某些方面的权益，势必会损害其他方面的权益，从而让客户改变心意。

分派两人扮演红白脸。当客户提出无理要求时，我们可以分派两人一起应对，一个扮白脸当坏人，主要是为了公司利益着想，可以从中试探出客户心里的底线。另一个扮红脸当好人，主要是为了稳住客户。在这种软硬兼施之下，客户更容易改变原来的想法，最终做出让步。

拒绝大挑战
委婉拒绝客户，为事业护航

要想在拒绝客户的同时还不得罪客户，首先需要注意我们的措辞，要尽量委婉地表达我们的意思。比如：

尽量避免否定字眼。在拒绝客户，否定他们意见的时候，我们应该尽量避免使用"不行""办不到"等否定字眼。比如，把"不可能""不可以"转化为"您可以……我们可以提供……"；把"不知道"转化为"很抱歉，我们暂时还没有这方面的解决方案"；把"我不会"转化为"您可以选择……"。

用"我"代替"您"。"您搞错了"换成"我觉得可能我们的沟通存在误会"；"您明白了吗"换成"请问我解释清楚了吗"；"您说什么？"换成"我没听明白，您能再说一遍吗"；"您需要"换成"我建议"……

如果在我们委婉表达、耐心解释的基础上，客户依然不满意，这个时候，我们还可以这么做：

拿上级领导当"挡箭牌"。当客户提出不合理的要求，自己也没法办到时，可以直接告诉客户"上级领导不同意"或者"公司政策不允许"等，通过这样的借口，表明自己已经尽力了，实在是客观条件不允许。

用补偿安慰的方法来拒绝。当我们因无法满足客户需求而有可能激怒客户时，我们可以在能承受的利益范围内，给予适当的补偿，从而使客户得到一定的心理补偿。比如，"价格不能再低了，这样吧，价格上您让一点，我再给您配双袜子如何"，或者"抱歉，这已经是全市最低价了，这样吧，我们再给您送上门免费安装怎样"，等等。

第八章 巧妙拒绝你不想做的事

💡 拿上级领导当"挡箭牌"

你们这儿怎么卖得这么贵，别人家都便宜好多呢！你给我打个折，又不是不让你们挣钱，少挣一点而已。

这款表是新品，打不了折的。

❌

你们这儿怎么卖得这么贵，别人家都便宜好多呢！你给我打个折，又不是不让你们挣钱，少挣一点而已。

不好意思，这款产品是由公司规定统一售价的，我们做不了主。

✓

💡 补偿安慰拒绝法

这衣服根本不合身，我要求退款。

您都把它穿变形了，是不可以退的，退了我们卖给谁？

❌

这衣服根本不合身，凭什么不给我退？

女士，您的心情我非常理解。但衣服已经出现了人为的损伤，是不符合退货标准的。这样吧，您可以再选一件衣服，我在自己权限内给您打个八折，您看怎么样？

✓

第九章
拒绝你不喜欢的人

我们免不了要和不喜欢的人相处，也会面对他们的追求和表白，虽然内心非常想无所顾忌地说"不"，但也不能不考虑伤害一个人的后果。谁也不喜欢被兜头浇一盆冷水，拒绝也要讲究一点方法，这样对方才更容易接受。

被不喜欢的人表白，如何拒绝

当被不喜欢的人追求时，只有明确拒绝的态度，不留给对方任何幻想的机会，才能有效避免不必要的纠缠。同时，也要注意拒绝的理由，切勿以对方的缺点和不足为借口，否则很容易伤害对方。

如果被不喜欢的人表白了，无须扭扭捏捏，也没必要对对方不理不睬，你完全可以大大方方地拒绝，然后像对待普通朋友一样对待对方。

首先，尊重对方表白的勇气，给予对方足够的尊重和倾听，不要打断对方的话，听完对方的表白后再回应。

其次，在真诚坦率的基础上，向对方表达你的感受，并以积极的方式陈述你的立场，避免使用含混不清或误导性的语言，以免给对方虚假的希望，或者造成不必要的误解。

同时，表达你的欣赏和感激之情。尽管你可能无法回应对方的喜欢，但仍然可以表达对对方的欣赏和感谢，这样可以减轻对方的尴尬和难过。

接着，给予对方足够的时间和空间来消化你的拒绝。当我们在拒绝对方的表白之后，要注意避免过多追问和解释，以免给对方带来压力和不适。

最后，希望继续维持平等友好的关系，同时表示，如果对方放不下，可以主动减少见面的机会，或者切断所有的通信联系，以减少给对方造成的心理伤害。

总之，拒绝别人的告白，并不意味着我们对他们的价值或者友谊有所改变，

特别 会说话 的人这样说

而是表明我们对感情的真实态度和对对方情感的正确回应。

故事
拒绝不喜欢的人的表白

> 经过一段时间的相处，我真的很喜欢你，你能给我一个机会吗？

> 对不起，我们还是做朋友更合适。

> 是不是我哪里做得不好？

> 没有，你很好，是我的问题。这样说吧，我喜欢的类型和你这个类型差别还是挺大的。

> 那你喜欢什么类型的？我可以改。

> 改了就不是你了，你还是做自己的好。

> 嗯，你一定能找到适合你的人。

> 好吧，那祝你以后幸福吧。

指点迷津
拒绝不喜欢的人要温和坚定

> 自从我拒绝了他，他就视我为仇人，怎么会这样？

> 如果对方自尊心很强，再加上你拒绝的方式比较粗暴，他对你可能就会由爱生恨。

> 我还不是不想让他浪费时间，难道要模棱两可地吊着他才舒服？

> 当然不是，拒绝的语气要温和，但态度要明确。

如何拒绝别人的表白？

态度要坚决明确，不给对方念想。拒绝虽然是一种伤害，但不能因此就犹豫不决，拖泥带水。既然是爱上你的人，对你的言行也会比较敏感，如果你拒绝的态度不够坚决，很容易让对方误会，最后可能带来比果断拒绝更大的伤害。很多时候，长痛不如短痛，提前把话说清楚，对双方都好。

表达要温和委婉，给对方留面子。为了尽可能减少拒绝给对方造成的心理伤害，也使对方更易于接受，就必须设法维护对方的心理平衡，尽量减少对方的内心挫折，维护对方的自尊心。比如，你可以先对对方的人品或才华等加以赞赏，然后说明你不能接受表白的理由。你所说的理由要合情合理，最好能从对方的角度考虑，让对方觉得被拒绝也是为了对方好，或者干脆把消极原因归咎于自己，并希望对方能谅解。

拒绝大挑战
拒绝不喜欢的人，要讲技巧

想要拒绝不喜欢的人，我们可以采用以下几种拒绝方法：

心有所属拒绝法：当别人跟我们表白时，我们可以和对方说自己已经有了喜欢的或者暗恋的对象，心里装不下其他人了，这个时候就算对方很难受，但一般也会理解你。

斩钉截铁拒绝法：当别人跟我们表白时，我们可以明确地跟对方说出自己的想法，让对方断了所有的念想，从而避免耽误对方的时间。比如，"我说过，从我一开始认识你起，这辈子只能是朋友，不可能有更深一层的发展了，希望你能明白"。说得这么明白，对方一般也不会继续厚着脸皮缠着你了。

类型不合拒绝法：当别人跟我们表白时，我们可以明确地说出自己喜欢哪种类型的异性，然后以对方的性格类型不符合作为理由来拒绝，比如，"抱歉，我不喜欢你这款，我喜欢幽默风趣型的"。

玩笑拒绝法：当别人跟我们表白时，我们可以用开玩笑的方式来拒绝。比如，"我喜欢投缘的异性，你头不圆，不是我的菜啦"，或者"你真会开玩笑，这么不可能的事都敢拿出来说，哈哈哈"，等等。让对方在玩笑中被拒绝，面子上也会更好受一些。

发"好人卡"拒绝法：当别人跟我们表白时，我们也可以对告白的人进行一番赞美，告诉他他很好，身上有很多优点，正是因为这些优点，才更适合做朋友，也很珍惜他这个朋友等。给对方发一张"好人卡"，让对方心领神会。

第九章 拒绝你不喜欢的人

💡 **心有所属拒绝法**

我喜欢你，你能做我女朋友吗？

对不起，我现在还不想谈恋爱。

❌

我喜欢你，你能做我女朋友吗？

对不起，我有喜欢的人了。

✓

💡 **斩钉截铁拒绝法**

我给你买了个礼物，你看看喜不喜欢？

这个礼物不太精致，你不要白费力气了。

❌

我给你买了个礼物，你看看喜不喜欢？

我们只能做普通朋友。礼物你拿回去吧，以后也不要再送了。

✓

相亲遇到不喜欢的人，如何拒绝

在相亲中，如果感觉相亲对象不合自己的心意，就要及时且明确地拒绝对方。但是，碍于介绍人的关系，拒绝不能过于直白，要找一个合适的理由，切勿伤害对方。

相亲时遇到了自己不喜欢的人，委婉拒绝是一种常见的社交技巧，方法如下：

含蓄法。比如相亲结束后，在一方和另一方要联系方式时，可以含蓄地表示拒绝。"可以把你的微信/电话号码告诉我吗？""不好意思，我手机没电了/忘带了，下次吧……"一般对方都会明白言外之意。如果对方仍然提出"那我把我的联系方式给你吧"，你只要大方记下就行了。

暗示法。发现对方不是你喜欢的类型，也可以在聊天的时候用暗示的方法让对方知难而退。比如对方身形消瘦，你可以这样问："你喜欢某明星的电影吗？""喜欢，你呢？""不喜欢，男的太瘦感觉没有安全感，我不喜欢这样的。"虽然是在谈论别人，其实是在给对方暗示，注意说话时语气语调不要太刻意即可。

委屈法。这个方法主要体现自己是被逼迫，没办法才来相亲的，同时表明自己暂时不打算谈恋爱、结婚，或者已经有心上人了，等等。比如，"实在是对不起，我有男朋友，可是我父母不同意，这次过来是真没办法，你很好，相信你会找到比我更好的"。对方一般都会比较有风度，能够坦然接受。

暴露法。如果遇到那种委婉暗示不管用，仍然死缠烂打的，还可以采用主动暴露甚至夸大自身缺点的方法。比如，当着相亲对象的面接朋友电话说："最近手气太差，昨晚又输了3万，还跟小王借了点……晚上叫上兄弟们出来喝酒，不醉不归啊！"一般相亲对象都是奔着结婚过日子去的，对于有很多坏习惯的往往就不感兴趣了。

故事
委婉拒绝相亲对象

——我的情况你大概也了解了，觉得我怎么样？

——你的各方面条件，我觉得都挺好的。

——怎么说呢，你很优秀，但在我看来，我们俩之间缺少一点感情上该有的东西，就是那种相互吸引的感觉。

——你说的是一见钟情吗？那太不现实了。我觉得我们年龄都不小了，相亲肯定都是奔着结婚去的。

——我对你也挺满意的，我想知道，你愿意和我交往试试吗？

——我还是比较相信感觉。

——嗯，谢谢你的理解。请你不要介意，我不希望耽误你。

——如果我的理解没错，你这算是拒绝我了吧？没关系，找对象也是需要眼缘的。

指点迷津
找合适的理由拒绝对方

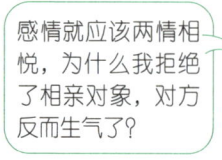

> 感情就应该两情相悦，为什么我拒绝了相亲对象，对方反而生气了？

> 可能你的拒绝理由和方式伤害了对方，让对方陷入了难堪的境地。

> 那我该如何拒绝相亲对象呢？

> 你需要先表明自己拒绝的态度，然后给出一个理由，比如没有感觉等，切勿以对方的相貌、学识、经济条件为理由，那会让对方很有挫败感。

怎样才能在不伤害他人的情况下拒绝相亲对象呢？

请介绍人代为拒绝。直接通知介绍人，让介绍人传达你拒绝对方的意思，可以有效避免双方的尴尬。

找一个合适的理由拒绝。比如性格不合，没有共同话题等。此外，还可以通过暗示的方法，比如工作太忙，更想要专注事业等等。

聊一些对方不太感兴趣的话题让对方主动放弃。聊天的时候可以故意聊一些对方不喜欢的话题，比如男生可以跟女生大聊游戏、政治等，女生可以跟男生聊美妆、包包等。找出对方不感兴趣的话题，然后展开，让对方觉得和你没有共同话题，从而主动放弃。

通过短信等文字的形式拒绝。如果当面不好意思拒绝，还可以通过短信、微信等文字的形式拒绝对方。这样既给对方留了面子，也避免因为不好意思开口而浪费彼此的时间。

> **拒绝大挑战**
>
> **拒绝相亲对象，要注意以下几点**

在拒绝相亲对象的时候，还要注意以下几个方面：

○ 不要模棱两可

相亲时，如果确定没有好感，想要拒绝对方，就不要说一些模棱两可的话，以免给对方造成误解。拒绝的态度要明确，越拖越容易造成不必要的麻烦。我们可以直接告诉对方，我们对对方没感觉，或者我们已经有了自己的目标和计划，不想被对方刚刚提及的期望束缚，从而让对方清楚地了解我们的想法和态度，也让对方尊重我们的选择和决定。

○ 要照顾对方的情绪和自尊心

拒绝的时候，无论是直接地说还是委婉地说，切勿说一些伤害对方自尊的话。感情没有对错，成年人要学会保留彼此的体面。

○ 要顾及双方亲友的面子

相亲一般都是由父母或亲友主张并和介绍人一起张罗的，所以，哪怕你一见面就想要拒绝对方，也要看场合和措辞是否合适，除了要照顾对方的情绪问题，还要照顾一下双方亲友的面子问题。

○ 不要随便收对方的礼物

当你不确定对方能不能跟你继续走下去的时候，千万不要随便接受对方的礼物，接受对方的礼物某种程度上是在暗示接受了对方这个人。

用"没感觉"拒绝对方

你觉得我怎么样?

说实话,我不喜欢比我矮的男生。 ✗

你觉得我怎么样?

你人挺好的,各方面条件也不错,只不过我确实没有感觉,我不希望耽误你的时间。 ✓

用"更适合的人"拒绝对方

我订了两张电影票,周末晚上一起去看电影吧?

不想去,我觉得我们各方面条件差很多,所以还是不要联系了。 ✗

我订了两张电影票,周末晚上一起去看电影吧?

真抱歉,这个电影我看过了。另外,我觉得这个电影很适合和彼此喜欢的人一起看,希望你能找到那个人。 ✓

对于同事暧昧的信号，如何拒绝

如果同事对自己做出了一些暧昧的动作或说了一些不合适的语言，在拒绝时一定要落落大方，一本正经，言辞适当委婉。切不可表现出羞涩的神态，以免给人一种"明拒暗迎"的错觉，使自己不断受到骚扰。

人们一天中的大部分时间都花在工作上，办公室的同事间日久生情的例子很多。由于在同一个部门，低头不见抬头见，加上共同负责工作上的许多事情，同事之间很容易培养出很深的默契。

文文是一家保险公司的公关，她聪明能干，长得漂亮，人缘也不错。这天，文文遇到了一个非常难缠的客户，幸亏前辈的帮忙，加上文文自身的努力，才最终与客户达成了协议。结果下班的时候，前辈找到她说要一起吃饭为她庆贺一下。

文文沉浸在完成订单的喜悦中，一口就答应了。她本以为还会有其他的同事，谁知吃饭的时候才发现就他们两个人。这让文文多少有点尴尬，但是之后两人聊了很多，也很愉快，文文就没有多想。后来，这位前辈以工作为由，经常请文文吃饭、游玩，时间一长，文文发现背后有人在指指点点，相恋两年的男友也对此表示怀疑，这让文文又苦恼又后悔。

这样的事情在职场中屡见不鲜。我们在工作中，服从领导的安排，配合同事的工作，都是职责之内的事情。但是在工作以外，我们也要学会以诚相待，保持不卑不亢的态度，该拒绝的时候要及时地拒绝。

拒绝的话，一定要委婉地说，懂得给对方留面子，如果对方并没有非分之想，那他一定会理解你，并为你考虑。如果对方真的别有企图，你更该义正词严地拒绝对方，以免越陷越深。

故事
严肃拒绝同事的暧昧信号

感谢你这几天的帮助，我敬你一杯。

你太客气了，同事之间相互帮助也是应该的。

关系这么好，不如喝个交杯酒吧？

有什么关系呢？反正他又看不见。

别闹了，我男朋友会吃醋的。

这位同志，要注意自己的行为，男女授受不亲啊。

我这个人比较实诚，别人说什么都很容易当真的。

嗨，我这不是和你开个玩笑嘛，咋还当真了？

第九章 拒绝你不喜欢的人

指点迷津
态度要严肃，言辞要委婉

> 为什么我拒绝了同事的暧昧，对方还是纠缠我呢？

> 因为你拒绝的态度模棱两可，让对方误以为有可乘之机。

> 那我该怎么拒绝暧昧呢？

> 你需要让对方意识到你拒绝的态度很严肃，另外言辞要相对委婉，避免影响同事之间的正常关系。如果对方得寸进尺，就不必再给他留颜面。

面对同事发出的暧昧信号，具体要如何拒绝？

首先，第一时间拒绝暧昧的话语、暧昧的邀请，坚定地表达自己拒绝暧昧的立场，避免给对方一种"欲拒还迎"的错觉。

其次，巧妙地让对方知道你的心理。作为同事，在一起吃饭很正常，趁着吃饭的时候，可以装作无意地讲讲你的想法，让他知道你不想暧昧，你只想和他保持简简单单的同事关系。

巧妙地表明自己的情感状态。比如在公司聚餐的时候，趁着一起闲聊，说清楚自己已经有喜欢的人了，感情非常好。一般在这种显而易见的表态下，对方都会选择退出暧昧游戏，除非对方不想在公司待下去。

另外，还可以巧妙地展示你的另一半。比如请男友或老公来接你下班，并确保让对方看见你们恩爱的样子。没有对象的也可以请朋友来帮忙假装一下，如果能是健身教练一类的就更好了，可以用壮硕的肌肉和凌厉的眼神给对方施压。

拒绝大挑战
暧昧游戏不能玩，和异性相处要有分寸

在职场中，应该保持良好心态，以一个职业人士的状态来和异性相处。女性不要撒娇、卖萌，男性不要油嘴滑舌、不正经。作为职场人士，要以平等的成年人的状态来接触、配合异性同事的工作。

尽量减少单独相处的时间和机会。上班时尽量避免单独与对方相处，可以在众人面前或者找个人陪你一起与对方打交道。下班后除非是非常紧急的工作，否则直接拒绝接听对方的电话，也不要回复对方的留言，更不要见面接触。保持足够的社交距离，才能避免被打扰。

不随便接受对方的礼物。如果同事公开送你礼物，你也可以客客气气地收下，并放在公共场合，假如是些零食，就招呼大家一起享用，并联合大家一起感谢对方的馈赠。如果对方私底下送你礼物，直接拒绝。

注意防微杜渐，牢记男女有别。尤其是作为女性，如果男同事的行为已经超出了你的接受范围，一定要大胆地表达出来，并采取相应的应对方式。如有必要，还可以寻求公司其他同事或者其他专业机构的帮助。

职场暧昧是制造流言蜚语的好素材，人言可畏，若不想被八卦击伤，不想被对方不断骚扰，一定要在第一时间坚定地拒绝。

第九章 拒绝你不喜欢的人

💡 拒绝对方的关心

照顾好自己,别让我担心。

谢谢关心,你不用这么操心我。

❌

照顾好自己,别让我担心。

我男朋友会照顾好我的,你的心还是安全地放在自己肚子里吧。

✓

💡 拒绝对方的约会

你现在一个人吗?要不要出来坐坐?

天太晚了,改天吧。

❌

你现在一个人吗?要不要出来坐坐?

请你以后不要再对我说这样的话了,我已经有男友了,我不想让他误会。

✓